I miracoli dell'ipnosi

Casi reali di cambiamenti prodigiosi

Di Marco Chisotti

A mio padre, a mia madre

PROLOGO

Ricordo che quando studiavo alla facoltà di Psicologia, dopo aver frequentato per tre anni Medicina e avendo scelto in modo oculato di continuare a studiare ciò che più mi interessava, la mente umana, non sopportavo di leggere i casi clinici. Volevo solo leggere il metodo, la tecnica, concentrandomi per lo più sulla parte teorica di ogni manuale che studiavo.

Quando ho cominciato a conoscere l'ipnosi, mi sono accorto che di teoria ce n'era veramente poca. Le induzioni stesse, per lo più, raccontavano storie, vissute, viventi e da vivere; guardavano al passato per raccogliere le esperienze più belle che gli uomini potevano aver fatto; esaltavano l'attimo del presente con tutte le sue sensazioni ed emozioni; facevano sognare un futuro possibile, ricco dei cambiamenti che valeva la pena vivere.

Paradossalmente, per comprendere ciò che aiuta le persone a star meglio bisogna entrare nella narrazione di ciò che le ha cambiate. Il cambiamento è più un'esperienza poetica che non una cronologia di fatti; è ricco di sorprese, di stupore, è tutto e il contrario di tutto, inizia quando meno te lo aspetti e quando pensi che sia finito aggiunge nuove vicende; è un giro di giostra di cui spesso non si ha memoria.

Per questo si è reso indispensabile raccogliere tutte quelle storie che avevano cambiato il mio modo di aiutare le persone proprio per averle aiutate.

Pur avendo conosciuto tante teorie diverse, che indicano strade per il cambiamento o che mostrano vie per vivere bene la propria vita, quello che più ha catturato il mio interesse e la mia dedizione è stato ciò che ha saputo dare risultati concreti e rapidi a manifestarsi.

Ho cominciato a lavorare con l'ipnosi nel campo dello sport, alla ricerca di ciò che funzionava, che produceva cambiamento, che migliorava le prestazioni. Ad ogni intervento, misuravo i progressi ottenuti.

Allargando il mio interesse, sono passato dallo sport all'ambito clinico, continuando a cercare elementi che potessero facilitare la guarigione.

Ho lavorato sempre in contesti multidisciplinari, prendendo spunto da tutto quanto poteva portare risultati in ambito clinico a prescindere, e senza fossilizzarmi, sulle scuole di riferimento.

Credo che noi impariamo per lo più attraverso l'immedesimazione, o il rispecchiamento. Anche quando desideriamo cambiare, ci guardiamo intorno e cerchiamo le persone che sono riuscite a farlo. Nel domandarci cosa possiamo fare, cerchiamo di seguire i loro comportamenti.

Quindi, dopo trent'anni di esperienza, mi è sembrato più utile partire dai casi clinici per dedurre delle chiavi di lettura esplicative, che potessero suggerire indizi, spiegazioni, cammini.

Vi accorgerete ben presto che è possibile leggere questo libro su due piani diversi. Uno, è il piano storico narrativo, in cui le persone potranno riconoscere elementi di similitudine con la propria vita; il secondo è la chiave di lettura dell'intervento psicoterapeutico, ipnotico, per gli addetti ai lavori.

Chiave di lettura che è il risultato della mia forma mentis, delle mie esperienze culturali e cliniche (non solo la psicologia dello sport ma la terapia della famiglia e le teorie sistemiche – altra mia specializzazione - la PNL, la gestalt, il costruttivismo, le neuroscienze e naturalmente l'ipnosi) e che pertanto è una visione personale.

L'ipnosi è uno stato mentale connotato da emozioni e pensieri che si colloca nel continuum tra sonno e veglia, in quelle terre di confine tra coscienza e inconscio. Ogni volta che ci concentriamo su qualcosa di specifico, permettendoci di distrarci dal mondo esterno, entriamo in uno stato di coscienza particolare, dove l'apprendimento e la creatività possono esprimersi al meglio, dove si favorisce il mondo interno rispetto al mondo esterno.

In fondo, il mondo esterno è facile da conoscere perché lo condividiamo con gli altri; invece il mondo interno è più complesso da frequentare, perchè siamo noi con noi stessi. Eppure ha grandissima importanza perché contiene le chiavi attraverso le quali viviamo la nostra vita.

Il mondo non è per come è, ma per come diciamo che sia. Per poter dire come è, usiamo un linguaggio che non è solo denotativo ma è soprattutto connotativo: ovvero noi costruiamo le cose con le parole, anziché descriverle soltanto.

Nell'ipnosi si costruisce la terapia con le parole, portando la persona a vivere attraverso il suo corpo e le sue emozioni il senso della sua storia, la relazione con gli altri e con il mondo, in un continuo dialogo interno che come una preghiera ci accompagna quotidianamente.

Così è possibile tradurre il bene delle persone nelle parole che possono accompagnarle a concentrarsi solo su quello che desiderano e su quello che meglio esprime le loro volontà e i loro desideri.

Tutte le esperienze comunicative o relazionali hanno a che fare con l'ipnosi. Ciclicamente, più volte al giorno, in ritmi ultradiani di 90 minuti, entriamo in uno stato di trance ipnotica, che è quindi uno stato naturale.

L'ipnosi è sicuramente il metodo terapeutico che meglio sa mettere in contatto il conscio con l'inconscio, ottenendo un pieno e totale coinvolgimento della persona.

Mi auguro che leggere questo libro possa pertanto essere utile sia a chi cerca una strada, un cammino, una soluzione ai propri disagi e potrà trovare un indizio da seguire, che per i colleghi psicologi e ipnologi che possono trovare un metodo da aggiungere alle loro competenze in modo pratico e funzionale.

IPNOSI MEDITATIVA

Con il termine di ipnosi meditativa comprendiamo quelle forme di ipnosi che si concentrano sull'elaborazione dei pensieri e su un atteggiamento del terapeuta materno, dolce, accogliente.

Si tratta di accompagnare il paziente a prendere consapevolezza del proprio dialogo interno, attraverso il quale esprime i suoi pensieri e li ascolta.

Si sviluppa grazie alla dissociazione ipnotica, con la quale una parte della persona esprime dei pensieri e un'altra parte funziona da osservatore o da conversatore della prima. Sì, una parte fa le domande e l'altra dà le risposte.

Questo permette di analizzare se stessi nelle nostre diverse parti: corpo, emozioni, memorie, esperienze, conoscenze.

L'esperienza più semplice che si può fare in ipnosi meditativa rende palese la sua utilità: conoscere il proprio inconscio.

Il primo passo del cammino è sempre individuare l'inconscio, iniziare a dargli (o a sentire) il suo nome (il che porta con sé l'attribuzione della sua identità, maschile o femminile, della sua età, delle sue qualità), iniziare un dialogo con lui o lei, diventare intimi e ascoltare la sua saggezza e le indicazioni che ha da darci.

Possiamo pensare al nostro inconscio come a un amico sincero che ci aiuta e ci sta vicino, come un angelo custode che ci protegge e si prende cura di noi, come uno spirito guida che ci conosce e ci conduce per la nostra strada.

L'ipnosi meditativa fa parte della nostra vita quotidiana, perché partendo dal dialogo interno è possibile trovare le risorse per affrontare nel modo migliore la giornata; possiamo dedicare momenti al rilassamento, per riposarci dagli stress e dalla frenesia della vita; può conciliare i ritmi ultradiani, cicli di 90 minuti nei quali è necessario, per il nostro benessere, sospendere le attività e recuperare energia e concentrazione; può conciliare il sonno; può introdurci a momenti di meditazione, di introspezione, di immersione in uno spazio interiore dedicato a noi stessi.

L'esperienza più semplice che possiamo fare per favorire l'ipnosi meditativa è la concentrazione sul respiro: di norma, esso è un automatismo, che procede senza bisogno della nostra volontà. Possiamo però portare attenzione sul respiro, diventare consapevoli della sua ritmicità, dei momenti di inspirazione ed espirazione, delle pause, delle eventuali rigidità, dei blocchi, del luogo corporeo dove si concentra.

Questo favorisce la discesa nelle terre di confine, quelle esperienze che sono tra il sonno e la veglia. Uno di questi spazi è l'immaginario, dove possono avvenire avventure al confine del reale, le quali apparentemente possono sembrare pura fantasia, ma che possono portarci a rivisitare la nostra vita con occhi diversi.

Tutte le meditazioni sono esperienze con i nostri stati mentali, momenti in cui noi manteniamo un equilibrio tra pensieri e sensazioni, interfacciando la realtà del nostro corpo con le esperienze che stiamo vivendo.

Le meditazioni guidate, oggi così diffuse, e lo yoga nidra, sono in fondo delle induzioni di ipnosi meditativa.

PICCOLO ESEMPIO DI IPNOSI MEDITATIVA:

"Voglio che trovi un momento per te, momento in cui ti dissoci da tutto e da tutti, momento in cui puoi avvicinarti al tuo mondo inconscio e poterlo conoscere...

Può essere molto bello qualcuno vicino che ti fa sentire importante, non è vero?... mi domando se ti rendi conto di quanto ti può essere utile sapere di poterti affidare alle cure e alla protezione del tuo inconscio... quanto può essere bello per te immaginare di essere preso per mano e essere accompagnato nei momenti più difficili, lungo una strada che è la via del cuore e nella quale puoi sentirti tranquillo, accolto e accettato, benvenuto...

Puoi sentire che è la strada più giusta per te, quella della tua anima, e che il tuo inconscio è e sarà sempre con te, ogni volta che ne avrai bisogno, in ogni momento della tua vita, pronto ad accoglierti e a metterti una mano sulla spalla, a confortarti e a dirti che non sei solo ad affrontare la vita... che lui è e sarà sempre con te... che insieme potrete affrontare ogni problema, ogni avversità, ogni impegno...

Molto bene... puoi prendere tutto il tempo che ti serve per lasciare al tuo inconscio il tempo di completare questa esperienza... puoi fare un respiro profondo e scendere ancora più piacevolmente a contatto con il tuo mondo interiore... e con un altro profondo respiro arrivare fino alla tua pancia... alle tue emozioni più profonde... e sentire un piacevole senso di rilassamento e pace diffondersi in te..."

Dalla fobia alla tranquilla consapevolezza

La ragazza si presentò nel mio studio accompagnata. Studentessa, di bell'aspetto, forse un po' timida ma comunque disinvolta, iniziò a raccontarmi che da sette anni la sua vita era costellata da diverse fobie, complicate da attacchi di panico. La base portante era l'agorafobia, la paura dei luoghi esterni e affollati, ma il disturbo era pervasivo. Talvolta riusciva a controllarlo: se si rendeva conto che la situazione che stava vivendo iniziava a procurarle ansia e paura, se ne andava. Lo stratagemma a volte funzionava, e lei riusciva a tornare alla normalità. Altre volte no: ecco l'attacco di panico.

Come molte persone che soffrono di fobie, la ragazza, che chiameremo Monica, aveva iniziato a mettere in atto comportamenti evitanti: evitava accuratamente le situazioni che già sapeva le avrebbero procurato paura; non andava da nessuna parte da sola; si faceva sempre accompagnare da qualche familiare o dal fidanzato.

Tutto questo creava una serie di forti limitazioni alla sua vita di venticinquenne, e fu per risolvere questa situazione che arrivò nel mio studio.

La mia intuizione fu di farle sperimentare la dissociazione ipnotica, grazie all'uso delle due sedie: su una le chiesi di mettere se stessa, sull'altra la sua fobia.

Si attua un "gioco delle parti": la paziente è invitata ad accomodarsi alternativamente su una e sull'altra sedia, e a sperimentare le due posizioni. Una terza sedia funziona da spazio neutrale, da cui osservare le altre due.

Dalla posizione neutra, la fobia le apparve come un cavaliere oscuro, grande, minaccioso. Lo percepiva potente, anzi, onnipotente: "può fare e disfare quello che vuole".

Una sensazione che non faceva ben sperare; ma, spostandosi sulla sedia della fobia, la sua visione partecipata cambiò nettamente. Monica percepì, in un insight potente, quella fobia solo come una parte di se stessa: non l'intero, non esterna, solo una piccola parte di sé, peraltro parecchio normale. E, guardando la sedia di Monica, la vide come una donna di luce, luminosa e forte.

Spostandosi proprio su quella sedia, la sua postura divenne attenta, colma di energia. Il cavaliere oscuro, la fobia, appariva sempre più piccolo, un nonnulla. E lei sentiva una nuova consapevolezza di sé: quella di essere una giovane donna forte, capace, ottimista.

Chiave di lettura:

Ho una mia ipotesi sulle fobie: che siano di tre tipi.

La fobia legata a una persona molto intelligente, che quasi usa complicarsi la vita con compulsioni e altre forme di controllo; questa ha come effetto di rendergli la vita molto faticosa ma normale, pur avendo fatto un enorme gioco nevrotico di pensieri, analisi, valutazioni. Loro arrivano nello stesso tempo degli altri alla meta ma dopo aver fatto il quadruplo del lavoro.

Altro tipo di fobia è legata all'essere impressionabili: sono persone dotate di un apparato sensoriale molto forte, per cui raccolgono un numero spropositato di informazioni che il loro cervello non è in grado di sistematizzare. Quindi vengono travolti da un flusso di sensazioni e poi di riflessioni troppo ampio per la loro psiche. Da cui la fobia.

La terza genesi della fobia è legata alla dimensione strategica, quindi ai benefici secondari che la fobia genera.

Il marito ormai non la considera più, i figli sono diventati grandi: la moglie allora sviluppa una fobia e non esce più di casa da sola. Essere accompagnata dovunque è un beneficio secondario importante, le permette la compagnia che desidera e che senza la fobia non avrebbe.

Al di là di questa suddivisione, anche molto semplicistica, la genesi delle fobie è complessa, molto spesso un mix di queste ipotesi. Per questo ritengo che sia sempre importante cercare di cogliere ciò che effettivamente succede nelle esperienze dei pazienti, e metterle di fronte a se stessi è la soluzione più semplice per avere la risposta.

Il gioco delle parti dà molte informazioni sul modo che la persona ha di pensare, di percepire, di ipotizzare e dedurre; è tuttavia molto raro che abbia un effetto risolutivo immediato, come in questo caso.

Tutte le persone vivono secondo la loro organizzazione mentale, che si modella costantemente in base alle esperienze che vengono vissute. Se viviamo un periodo protratto in una condizione negativa per la nostra psiche, pesante, senza via di fuga, la nostra organizzazione mentale entrerà in una posizione di difesa, tendendo a chiudersi in se stessa. In questo modo si attua un isolamento dal mondo esterno che può volgersi in una condizione di fobia.

È possibile recuperare una condizione tale, ma, se accade il miracolo, è tutto merito del paziente, non del terapeuta.

Nei casi di fobia, non è tanto importante il "via da" (voglio non avere più paura, non avere più questa fobia), quanto il "verso cosa": quando il paziente riesce a immaginare, a colorare, a sentire come starà nello stato desiderato, allora si attua una ristrutturazione positiva.

In ogni caso, il cambiamento persiste se il contesto lo favorisce e lo rende possibile. Il principio di ecologia ci insegna quanto sia essenziale esaminare l'insieme e le varie parti coinvolte, e che sia necessario partire dal postulato della complessità.

Non ne posso più? E io mi paralizzo!

Arrivò nello studio su una sedia a rotelle. Non camminava da dieci mesi, e tutte le analisi a cui si era sottoposta non avevano evidenziato alcuna patologia organica. Rimaneva quindi la causa psicologica: così, il suo medico le aveva consigliato di sottoporsi a ipnosi.

Bella donna, elegante, curata, poco più che quarantenne, Antonella raccontò la sua vita: ultima figlia di genitori anziani, a lei, non sposata, era stato assegnato implicitamente il compito, dal resto della famiglia, di occuparsi dei genitori.

E lei, vuoi per bontà vuoi per senso di colpa, si era dedicata a loro, mettendo in disparte la sua stessa vita. Non rimaneva più tempo per le sue amicizie, per i suoi interessi, per la ricerca di un amore a cui tanto ambiva. L'accudimento dei genitori e il lavoro riempivano le sue giornate.

Che erano diventate, alla fine, solo dovere e nessun piacere. Finché non si era ritrovata paralizzata.

L'ipotesi della paralisi isterica (ovvero della conversione di un sintomo psicologico in un sintomo fisico) mi balenò in mente. Si tratta di un disturbo in cui un conflitto psicologico non viene espresso a parole ma dal corpo. Casi simili rendono eclatante il potenziale della nostra mente, che mantiene il proprio equilibrio, anche attraverso stati mentali diversi, finché può; quando però le condizioni esterne diventano ingestibili, essa può generare esperienze paradossali, come la perdita della vista, dell'udito, oppure paralisi di vario tipo.

Provai a scommettere sul suo inconscio: così, nell'induzione ipnotica, la spronai a sentire la presenza e la voce del suo inconscio, che era con lei, sempre con lei, per aiutarla, per sostenerla, per guarirla. Che lei poteva, che lei era in grado, che lei riusciva a sostenersi sulle gambe.

E Antonella si alzò! Sbalordendo se stessa, me, e la cugina (medico) che l'aveva accompagnata, si alzò e fece qualche passo sulle sue gambe. Si alzò, non sentendo neppure dolore, perché lo stato di trance è una condizione dove spesso non si percepisce il dolore.

L'aver provato a se stessa che le sue gambe funzionavano ancora, che potevano sorreggerla, camminare, portarla dove voleva, fu l'inizio della guarigione.

Avendo mantenuto i contatti con la famiglia, venii a sapere che il sintomo delle paralisi non si ripresentò più. Antonella cambiò anche punto di vista su di sé: mentre durante la paralisi pensava di essere molto debole, quando si rese conto di aver creato lei stessa la malattia, quando capì che era riuscita a bloccarsi, si rese conto di essere, al contrario, molto forte!

Nei mesi successivi riprese totalmente la capacità di deambulare, e, per riformulare la sua vita, prese nuovi accordi con i fratelli per l'aiuto ai genitori, ritrovando tempo e spazio per sé.

Chiave di lettura:

la visione del terapeuta non dovrebbe fermarsi al singolo individuo, ma allargarsi a ricomprendere il sistema di cui fa parte. Solo così può capire quanta forza è presente nella famiglia, e quanto essa sia in grado di manipolare profondamente i suoi componenti per i suoi scopi.

Dunque dobbiamo considerare come il sistema possa vivere di vita propria, dando agli individui ruoli e lavori, al di là della loro volontà, impegnandoli in compiti che loro non vorrebbero svolgere.

Antonella rischiava di diventare la vittima sacrificale della situazione: una parte del suo inconscio aveva agito per poterla salvare da quel destino, sviluppando un sintomo isterico, incolpevole. L'inconscio aveva inventato una struttura e l'aveva mantenuta nel tempo, difendendola.

In quel modo lei aveva potuto smettere di prendersi cura dei genitori e diventare la persona di cui altri dovevano prendersi cura.

Certi spostamenti possono avere due spiegazioni: una, quella di sviluppare un sintomo per portare l'attenzione su di sé e alleggerire la tensione presente in altri ambiti della famiglia – per fare un esempio, come il bambino che va male a scuola e prende sempre voti insufficienti, spostando l'attenzione dei genitori dal loro traballante rapporto di coppia a sé stesso. In questo altruistico modo, si sacrifica per salvare la famiglia.

L'altra, quella di spostare l'attenzione su un nuovo sintomo, disarmante per tutti, in un certo senso sconvolgendo e mandando il tilt la famiglia, invece che equilibrarla. In questo ultimo caso, i problemi precedenti vengono annullati, di colpo, e sostituiti dal nuovo, più urgente. Il soggetto ha quindi un moto egoistico, salva se stesso a detrimento del sistema, ma quest'ultimo raggiunge un nuovo equilibrio.

Il sistema famiglia è continuamente alla ricerca di un proprio equilibrio, che possa dare i massimi risultati con il minimo sforzo, evitando danni e cambiamenti, che possono essere altamente rischiosi.

Quando viene messo sotto stress, spesso il sistema cerca un paziente designato, che diventi il parafulmine, il capro espiatorio di tutti i suoi problemi.

I tentativi razionali di risolvere il problema familiare, che Antonella aveva portato avanti per un lungo periodo, senza ottenere alcun risultato, erano stati messi sotto scacco da una manovra inconscia. Nessuno poteva darne una spiegazione.

Nello stato di trance, è possibile andare a dribblare il processo inibitorio che l'inconscio ha messo in atto e agire come se il primo non esistesse. Ciò accade quando il terapeuta ottiene la piena fiducia, conscia e inconscia, del soggetto, che ne segue i suggerimenti e riesce a invalidare il blocco che aveva portato alla paresi.

Nel momento in cui la donna ha vissuto l'esperienza della trance, il potenziale funzionante del suo corpo ha potuto manifestarsi, in modo innegabile. Tra l'altro, nella paralisi isterica non si ha atrofia della muscolatura, il che venne confermato da come lei riuscì a reggersi senza problemi sulle sue gambe!

Una volta portato alla consapevolezza il principio inibitorio che l'inconscio aveva messo in atto, una volta svelato il mistero, non sarebbe stato più coerente con la sua identità il mantenerlo attivo. E quindi, è guarita.

I proiettili dell'Afghanistan

Capitano dell'esercito, di stanza in Afghanistan, mi raccontò di un evento drammatico. Mentre si trovava con alcuni suoi uomini in un mercato di Kabul, aveva visto dei camion di ribelli dirigersi a tutta velocità giù dalla collina.

Aveva cercato di organizzare una difesa, con i pochi uomini che erano con lui, mentre si scateva un inferno: i proiettili volavano, le donne urlavano, cercando di mettere in salvo se stesse e i propri figli, che correvano terrorizzati.

Lui si dilungò molto a raccontarmi dell'Afghanistan e di cosa aveva dovuto superare con i suoi uomini superstiti per ritrovare uno stato di tranquillità interiore che gli permettesse di continuare i suoi compiti.

In psicologia si parla di disturbo da stress post-traumatico per definire le reazioni emotive conseguenti a eventi così forti: guerre, terremoti, catastrofi, lutti improvvisi.

Tuttavia, mi sembrava che avesse elaborato questa tragica esperienza in modo sufficiente. Mentre mi raccontava della sua vita militare, avevo la sensazione che esaltasse le sue qualità, che sicuramente erano presenti e adattive, ma continuavo a vederlo spento, ad avere una sensazione di vuoto, e non capivo da dove derivasse.

Poi iniziò ad ampliare il discorso in modo filosofico e mi narrò, con grande profondità ma brevemente, che una settimana prima sua figlia era morta in un incidente di macchina.

Lì mi mostrò quanto era rimasto vulnerabile. In Afghanistan aveva gestito situazione di guerra, di una tensione incredibile, ma nella sua vita civile si era ritrovato impreparato ad affrontare la morte della figlia – nessuno può esserlo!

Mi sentii molto coinvolto, sia dal racconto del vissuto da soldato, che dalla morte della figlia. Il capitano, pur sano, mi aveva cercato proprio per dar sfogo a una tensione che era diventata ormai insostenibile. Alla fine capii che era colmo di un'amarezza e di una tristezza infinite, e che sebbene nella sua vita militare avesse adempiuto il suo dovere, si era ritrovato totalmente impotente di fronte ad un evento su cui non aveva potuto far nulla.

Si era ritrovato totalmente svuotato. Provai la stessa sensazione. Il capitano chiedeva di essere ascoltato, come se cercasse il perdono per un evento di cui non aveva alcuna colpa.

quando accadono eventi di portata così intensa, è normale sentire difficoltà a gestirli, quasi come se ne fossimo sovrastati.

Sostenere le situazioni professionali è relativamente semplice, dal momento che siamo preparati a farlo e ce lo aspettiamo: il soldato che era in lui sapeva fare il suo lavoro. Ma quando l'esperienza lo ha toccato in prima persona, sul versante degli affetti più cari, tutto il resto gli è tornato in mente in modo incontenibile, portandolo alla saturazione.

Come se l'evento familiare avesse trascinato con sé anche gli eventi professionali, con un effetto a cascata e sommativo.

In queste situazioni, è opportuno cercare un professionista che possa essere il contenitore delle nostre angosce e veicolo di rielaborazione.

Il terapeuta deve entrare nella storia del cliente, mettendo da parte la propria, e vivendo un totale coinvolgimento nella situazione? A mio avviso, dopo molti anni, ognuno trova il proprio equilibrio, che lo rende unico nell'affrontare le esperienze, proprie e dei pazienti, in modo da risultare utile al cliente, senza tuttavia caricarsi di un peso insostenibile.

Accadono tuttavia momenti in cui è superfluo porsi domande tali e diventa necessario vivere fino in fondo ciò che il cliente riporta.

I processi emotivi vanno vissuti e rielaborati. Il che non vuol dire liberarsene, ma riuscire ad andare avanti, grazie alla ristrutturazione che modifica i nostri modi di essere.

L'esperienza dell'ipnosi aiuta a rielaborare il nostro mondo interiore in quella forma che noi chiamiamo inconscia, portandoci all'essenza di noi e facendoci tornare bambini, ritrovando così quella linfa vitale che è presente in ognuno di noi fin dalla nascita.

Nel corso della vita si strutturano diversi modi con cui affrontare i problemi: quello che avviene è una vera e propria rielaborazione, dando una nuova veste ai significati che si sono attribuiti all'esperienza. Cambiano i valori, le credenze, le convinzioni, cambia la storia che ci raccontiamo e di conseguenza cambia la nostra identità.

Alla fine di ogni viaggio, siamo persone diverse da come eravamo partiti, tanto che può accadere di provare compassione per i noi stessi che siamo stati.

Ricordo che il capitano si alzò, al termine della seduta, e sembrava riconciliato con se stesso. Passò uno sguardo di intesa tra noi. La dimensione empatica che si era creata era stata sufficiente per capire e capirsi senza parole.

L'ossessione per il controllo

Dirigente, dalla forte intelligenza, con un'attenzione esasperata per il controllo dei più piccoli, minuti dettagli.

Le sue giornate erano lunghissime, stancanti. La prima volta che lo vidi, Cesare mi raccontò in modo minuzioso i dettagli della festa aziendale a cui aveva partecipato la sera prima. Non solo conosceva tutti, conosceva tutto di tutti; la sua mente creava un sacco di proiezioni e fantasticherie sugli altri, quasi immaginando i loro pensieri, più che verificandoli.

Mi accorsi altresì che non era interessato al pettegolezzo né al risvolto umano dell'aiuto alle persone: in realtà i pensieri che sviluppava erano derive di precisione, di nessi causali, quasi potesse radiografare con i raggi x il meccanismo dei pensieri; in tali meandri si perdeva.

Sostanzialmente, lui riusciva a fare in dieci minuti quello che una persona normale avrebbe fatto in un'ora. E rimanendogli un sacco di tempo libero, e non volendone avere, stava sviluppando una cura quasi maniacale dei dettagli.

Controllava e ricontrollava ogni documento che gli passava per le mani; rileggeva attentamente ogni frase almeno tre volte; domandava chiarimenti su ogni minuzia. Stava iniziando a sviluppare delle ritualistiche: la sua normo nevrosi stava decadendo in un disturbo ossessivo compulsivo.

Gli complicai ancor più la vita: gli dissi che così non andava bene, che non era sufficiente, che doveva controllare ogni documento almeno tre volte in più.

Nel contempo, lo portai a conoscere il suo inconscio, a sviluppare quella confidenza che è la base della fiducia.

Provò a fare quanto gli avevo chiesto, e, ovviamente, si rese conto che non era possibile vivere così! Neppure lui, con la sua super intelligenza, poteva espletare tutti quei compiti in una sola giornata!

Capì la grande illusione del controllo: la sua mentalità da ingegnere gli faceva tradurre ogni avvenimento in termini meccanicistici, e nello stesso modo trattava le altre persone: come macchine banali. Quando arrivò a comprendere che macchine banali sono solo quelle meccaniche, e lui non lo era, e non lo era nessuno dei suoi collaboratori, capì anche che gli esseri umani sono macchine complesse: non danno mai la stessa risposta. Quindi, non poteva trattare i problemi in modo semplicistico: doveva rispettare la complessità, evitando nel contempo di perdersi in miriadi di verifiche nell'illusione di poter controllare ogni cosa.

A questo punto accettò l'idea dell'inconscio e vide in esso una sua parte femminile. Inizialmente ne fu deluso; poi dovette ricredersi, perché molti aspetti del mondo muliebre che lui aveva svalutato erano invece un prendersi cura che poteva dolcemente ed efficamente prendere il posto del controllo.

Cesare si divertì a vedere che emergevano risposte ideomotorie senza il suo controllo cosciente; e sebbene inizialmente continuasse a sostenere che era lui che muoveva il braccio, poi accettò che quel braccio non apparteneva più a sé, bensì al suo inconscio, e si muoveva per ragioni proprie.

L'inconscio si rivelò diverso da come aveva pensato, e dapprima lo temette, vedendo che non era sotto il suo controllo. Ma quando realizzò che in molte occasioni della sua vita il suo inconscio l'aveva protetto, cambiò atteggiamento e sentì di avere accanto una vera amica, che in certi momenti era anche in grado di guidarlo saggiamente.

Chiave di lettura:

La maggior parte dei problemi, in contesti particolari diventa una virtù. E viceversa.

L'ossessione, la compulsione sono doti che fanno di un uomo un ricercatore; la precisione e il controllo gli danno grandi vantaggi nel suo lavoro. Per contro, questa virtù può diventare una grossa perdita di tempo se non addirittura una prigione quando viene applicata rigidamente nella vita quotidiana, e spinge a controllare cose inutili decine e decine di volte, facendo perdere tempo, energia e fiducia nelle proprie capacità.

Il rallentamento nel processo di controllo poteva avere la motivazione inconscia di rendersi pari agli altri (meno intelligenti, più lenti), e quindi di essere da loro accettato. I gruppi sono estremamente selettivi, e rifiutano chi emerge dalla normalità (intesa come norma del gruppo), perché metterebbe gli altri in crisi.

Avergli complicato ancor più la vita aveva creato un paradosso ipnotico, che così si crea: si porta alla saturazione, creando confusione. Quando la persona è confusa, rimane in stand by, in attesa, senza poter decidere. La prima cosa semplice che si offre, viene accettata per buona e seguita senza opporsi.

Ciò accade perché il nostro cervello ha bisogno di seguire una logica: se inserisco in una frase tre negazioni, esse creano confusione e noi non sappiamo come proseguire (es: io non voglio che il tuo braccio non scenda così rapidamente di quanto la tua mente subconscia non sia in grado di farlo). A questo punto la persona ha bisogno di avere una indicazione semplice, chiara, per poterla seguire e sbloccarsi da questa impasse.

L'ipnosi molto spesso aiuta le persone a prendere una consapevolezza diversa da quella che la nostra ragione logica permette di ottenere: ovvero che buona parte dei comportamenti, delle azioni e dei nostri pensieri non è sotto il controllo della nostra volontà, ma appartiene al mondo dell'inconscio.

Questo restituisce la misura dello svolgersi dell'esistenza: che non procede perché e in base a come noi la controlliamo, ma funziona a prescindere da noi, è autopoietica e autoreferenziale. Nasce, vive e cresce da sé.

L'illusione del controllo razionale ci depista dalla vita stessa.

L'amore è armonia; la conoscenza è vita; noi viviamo grazie a un'armonia di amore. Cesare durante un'induzione ipnotica ebbe un insight, in cui accettò tanti concetti che prima aveva negato rendendosi conto che esiste un altro mondo oltre al razionale. Si rese conto che talvolta un sorriso definiva la realtà più di una misurazione.

Gli piacque l'idea che la vita è dove guardi; ma talvolta scegliamo di guardare solo in una direzione, e ci perdiamo il molto, l'infinito di più che la vita è, e che accade senza che noi possiamo controllarlo.

Esorcismo ipnotico

Mi aveva contattato, dopo una mia conferenza, per chiedermi di poter venire in terapia.

Donna di 40 anni, dall'aspetto angelico, Angela (così la chiameremo), faceva parte del movimento religioso dei Focolarini.

Lei iniziò a parlarmi dei suoi problemi fisici: da piccola aveva avuto un lieve attacco di poliomelite che l'aveva resa leggermente claudicante.

Nel corso del terzo incontro, mi chiese se volevo partecipare ad un'esperienza che il suo Don, esperto di esorcismi, avrebbe tenuto su di lei, dato che il sacerdote era uso fare le sedute con psicologi o psichiatri.

Io, curioso, non avendo mai assistito a un esorcismo, acconsentii.

Conobbi il Don, dalla gran personalità, alto, imponente, che arrivò accompagnato da un collaboratore altrettanto robusto. Iniziarono le preghiere. Il rito andò avanti per un certo tempo; Angela, che era minuta, fragile, si irrigidì e iniziò a digrignare i denti, il corpo scosso come in un attacco epilettico. I sacerdoti intervennero per bloccarla sul letto.

Lei stava sviluppando una forza incredibile, tanto che chiesero anche a me di intervenire. Io mi sedetti sulle sue gambe, mentre i preti tenevano fermo un braccio ciascuno, continuando a recitare le preghiere, aspergerla con acqua santa e mostrarle il crocifisso.

Buona parte del rito era in latino e lei rispondeva in latino, nonostante poi asserisse di non conoscerlo.

Il rituale andò avanti per un po' di tempo. Lei ebbe reazioni notevoli: tutte le volte che l'esorcista le gettava l'acqua santa addosso, la sua pelle manifestava segni rossi, come se venisse urticata; quando il crocifisso le veniva imposto, rispondeva con turpiloquio o parole in latino e aramaico.

Il sacerdote era molto serio, praparato, noto a livello internazionale come esorcista.

Alla fine, vidi i preti stanchi ma soddisfatti; Angela, tornata in sé, si compose e apparve molto tranquilla e rilassata, come io non l'avevo mai vista.

Chiave di lettura:

rispetto a certi eventi, non ho risposte definitive.

Oggi potrei dire che sono manifestazioni che possono accadere in certi stati mentali, ma ciò tuttavia non completa il novero delle spiegazioni che potrebbero essere date.

Per quanto riguarda Angela, pur avendola aiutata a superare alcuni momenti di difficoltà, non ho potuto far molto rispetto a certe crisi che periodicamente viveva. Ho capito che in realtà lei aveva bisogno di certi malesseri per la sua identità, che altrimenti, al di fuori dei contenuti cristiani, sarebbe stata debole.

Nella fede aveva trovato conforto al suo problema fisico; poco alla volta si era ritrovata talmente coinvolta che tutta la sua vita ruotava intorno a essa. Lei non lavorava, aveva una pensione di invalidità: il solo modo che aveva trovato di essere protagonista era di essere ribelle di ciò che amava.

Il rituale dell'esorcismo la confermava in questo ruolo: grande credente che aveva bisogno di essere redenta. E lei viveva ogni rito come una salvezza ed una conferma della sua identità.

Il tutto era avallato da ciò che riportavano i sacerdoti, che la consideravano un "fenomeno": il perpetuarsi dell'esperienza l'avrebbe portata sempre di più verso una redenzione definitiva.

Io non ero convinto di questo punto di vista, dal momento che gli esorcismi andavano avanti da anni. Penso proprio che

Angela vivesse in questi momenti, e avrebbe continuato a farlo, mentre era quasi assente in altri frangenti di vita.

L'identità è un elemento emergente dell'attività organizzativa del nostro cervello: a partire dalle nostre azioni, organizzate in comportamenti, che noi gestiamo secondo i nostri valori, le nostre credenze, le nostre convinzioni.

Quindi la nostra identità è una composizione di ciò che noi nutriamo e di quello di cui ci siamo nutriti; ha la propensione a mantenersi coerente nel tempo.

Noi siamo i produttori dell'identità che a sua volta ci rappresenta.

Il sintomo, se è connesso fortemente con l'identità, non può essere eliminato. I benefici secondari che si ottengono sono tali che congelano ogni cambiamento, anche quando questo viene ufficialmente richiesto. Se si insistesse nel voler debellare la sintomatologia, il danno sarebbe enorme, e violerebbe una delle regole fondamentali del nostro mondo inconscio, l'omeostasi.

A certi livelli, eliminando il sintomo, avrei eliminato anche Angela. Affinché ciò potesse cambiare, si sarebbe dovuto costruire una nuova opportunità esistenziale che, dandole nuovi ruoli, avrebbe creato una nuova identità.

Per continuare ad essere la persona che conosceva, mantenendo un'idea di sé e di ciò che era, è stato necessario lasciar vivere il sintomo.

L'adolescenza perduta

Da poco laureato in ingegneria, Enrico aveva già trovato un impiego adeguato e ben remunerato.

La sua carriera sembrava avviata su binari scorrevoli, che l'avrebbero portato verso un futuro luminoso. L'aspetto professionale era stato programmato, curato, seguito a dovere.

L'adolescenza, invece, era stata totalmente saltata, ed Enrico non sapeva affrontare parti e aspetti della vita che è necessario vivere, poiché leggerli nei libri non è sufficiente.

A lui non era mai successo di chiedere un appuntamento a una ragazza carina, uscire con lei, flirtare magari, corteggiarla, e via discorrendo. Aveva passato i vent'anni chino sui libri. Era quasi goffo nei suoi comportamenti: sembrava un professionista di cinquant'anni, serio e posato, ma ne aveva meno di trenta.

Ne era conscio, e cominciava a pesargli. Si poneva domande sulle sue qualità. Aveva iniziato a evitare le uscite, alla fine, adducendo grandi spiegazioni teoriche come scuse: inutili, ma per lui essenziali.

Gli proposi una strategia: sarebbe uscito, ma prendendo appunti su qualsiasi aspetto. Dal momento che la logica era la sua mente costante, e il ricercatore il suo abito ideale, grazie a queste compagnie gli feci fare le più strane e particolari esperienze.

Non avendo fatto un certo cammino durante l'adolescenza, pensava che fosse molto più complesso di quanto in realtà non fosse. Un adulto si fa molti più problemi di quanti se ne faccia un adolescente. Per fortuna Enrico aveva conservato una gran curiosità, il che gli permise di fare nuove esperienze, certo, più come un ricercatore che come un ragazzo, ma intanto procedeva.

Finché incontrò una donna, molto più esperta di lui, anche se meno colta, che seppe conquistarlo. L'aggancio era avvenuto ad una serata di beneficienza, dove lui di suo non sarebbe mai andato, ma pur di far le sue ricerche, aveva partecipato. Dove non lui non arrivava, lei sopperiva.

Nel giro di sei mesi si sposarono, e vissero felici e contenti.

Chiave di lettura:

è importante attraversare e vivere le diverse fasi evolutive della vita. Quando ciò non accade, si ha poi uno sbilanciamento: la parte non vissuta cerca di emergere e trovare spazio e modo di esistere.

Sono diverse le ragioni per cui si bruciano le tappe: talvolta viene a mancare una figura di riferimento (padre, madre, fratello, sorella), e si sente di dover prendere il suo posto, e crescere in fretta, per poter essere d'aiuto alla famiglia.

Altre volte, come nel caso di Enrico, gli studi e la crescita professionale assumono il ruolo principale, senza alcuna concessione a svaghi e sentimenti. Poi il tempo passa, le occasioni sfumano, finché ci si rende conto di aver perso la possibilità di essere giovani: padroni del tempo, liberi di sperimentare, sbagliare, imparare a vivere.

Così successe a Enrico. Non aveva alcuna sensibilità riguardo ai suoi coetanei, nessuna idea dei passi necessari per conquistare il cuore di una ragazza.

Il compito paradossale era stato dirgli di essere ancor più ricercatore, e di confrontarsi con tutte le ragazze che incontrava andando a fare domande e raccogliendo dati che potessero essere incasellati nella sua esperienza, e gli avrebbero permesso di conoscere il mondo grazie alla statistica.

Dopo che ebbe portato avanti in modo minuzioso questo comportamento per diverse uscite, conobbe una ragazza e iniziò a raccogliere i suoi dati. Ma al secondo incontro si dimenticò di fare questo lavoro.

Che era proprio quanto speravo. Ma gli rimandai di tornare al suo vecchio compito. Nella seduta successiva tornò e mi raccontò che, non per sua colpa, non era riuscito neppure quella volta: era stata la ragazza a porre domande!

Ancora insistetti. E il risultato fu che si innamorarono. Perfetto, eravamo riusciti a mettere da parte il ricercatore, e a lasciare spazio alle emozioni e ai sentimenti.

Ogni fase della vita corrisponde a uno stato mentale, che terrà per noi le memorie e le esperienze utili e funzionali, se avessimo di nuovo bisogno di affrontare situazioni simili.

Questo è oggi ancor più necessario per la vita e gli amori "liquidi" che viviamo: più e più volte ci ritroveremo a innamorarci, a costruire un amore, a separarci. Avere memorie inconsce permette di avere risorse nei momenti più inaspettati; se un problema viene risolto, è perché possediamo la memoria inconscia della soluzione, e viceversa.

Guarire dall'insonnia

Paolo aveva avuto una vita intensa e appagante: un matrimonio felice, con il lavoro da funzionario dell'ONU aveva girato il mondo, frequentando ambienti cosmopoliti, allargando i suoi orizzonti.

Rimasto vedovo, aveva saputo riformulare la sua vita dando spazio agli interessi e alla socialità. Ormai in pensione, raccontava di viaggi per città d'arte, di mostre, di serate in compagnia.

I problemi sorgevano sul versante della famiglia di origine. Poco prima i suoi genitori erano mancati e avevano lasciato un vecchio casale a lui e al fratello. Il quale, per istruzione e esperienze di vita, era totalmente diverso.

Aveva sempre vissuto con la madre, nel paesello, senza mai farsi una sua famiglia o, viaggiando, allargare i suoi orizzonti; forse aveva sofferto di gelosia verso Paolo per tutta la vita, dal momento che la madre non faceva che parlare e vagheggiare di quell'altro figlio, lontano.

Non riuscivano a trovare un accordo: lui gli voleva bene ma non poteva non considerarlo rozzo. Il fratello lo accusava di essere un radical chic. Erano destinati a scontrarsi, su tutto.

Paolo avrebbe tanto voluto convincere il fratello della bontà della sue idee, e imporsi, ma non riusciva; dal canto suo, il fratello delegava tante scelte a lui ma poi criticava ogni suo passo.

Così, il sonno era svanito, e ogni notte restava sveglio a leggere, leggere, leggere.

Provammo a lavorare sulla dinamica familiare con una rappresentazione: Paolo si era calato dei panni della madre, del padre, del fratello, il che gli permise di guardare la famiglia con occhi diversi.

Nel contempo, una rielaborazione della sua vita gli permise di togliersi da quel senso di depressione che sentiva da qualche tempo. Riaccese delle luci, come l'hobby della fotografia e il trekking in montagna.

I nuovi impegni quotidiani lo stancavano e lo indussero a dare nuove regolarità al sonno.

Paolo si rese conto di quanto tutta la nostra vita sia collegata. Aveva cercato di curare il sonno solo chimicamente, senza modificare altro, ma ora si rendeva conto di come alcuni cambiamenti che aveva apportato nella sua vita stessero influendo sulla qualità del sonno.

Portò il suo impegno e il suo senso di responsabilità anche nell'ipnosi: spesso ascoltava l'autoipnosi e, partendo da essa, si lasciava scivolare nel sonno che, così, accadeva in modo fluido, con un passaggio naturale.

Chiave di lettura:

il sonno è un'esperienza molto particolare, durante la quale perdiamo coscienza di noi stessi. Con buona probabilità, è il tempo del lavoro per il nostro inconscio, che riorganizza la nostra mente e permette alle funzioni biologiche di ristabilire gli equilibri organici.

Capita spesso che le persone dicano di non dormire. In realtà non è così: si ricordano tutte le volte che sono svegli ma non hanno memoria di quanto dormono. Non sarebbe possibile vivere senza dormire più di tre o quattro giorni, senza incorrere in bouffé deliranti, allucinazioni, perdita di lucidità, creatività e memoria. Basta guardare la loro pelle: i veri insonni sono pieni di brufoli, eritemi, arrossamenti.

È indubbio che esistano sonni più lineari e profondi, che permettono un riposo efficace, ed altri più discontinui e frammentati, che non danno la sensazione di essere ristorati.

L'ipnosi è molto adatta a trattare l'insonnia, dal momento che lo stesso nome deriva dal greco hypnos, sonno. Lo stato di trance ipnotica profonda è quello più vicino al sonno.

Per conciliare il sonno, è importante dare regolarità al momento di andare a letto. L'addormentarsi è una buona abitudine che si prende con il tempo. Il nostro organismo è in grado di autoregolarsi se lo mettiamo in grado di seguire un'abitudine intrapresa.

Il sonno è molto legato all'attività diurna: in genere, aumentando l'attività fisica, anche il sonno aumenta, come naturale momento di recupero delle energie psico fisiche.

Sarebbe bene inoltre indurre la mente in uno stato di rilassamento, evitando di fare lavori che necessitano di lucidità mentale, di lavorare al pc o di usare i cellulari. È stato dimostrato che il nostro organismo reagisce alla luce di tali apparecchi come se fosse la luce solare, quindi risveglia il corpo, allontanando il momento di addormentarsi.

Anche l'alimentazione ha la sua importante: nutrirsi con alimenti ricchi di triptofano (carboidrati, verdure) o ipnoinducenti (il latte caldo), evitando eccitanti e alcolici, aiuta la qualità del sonno.

Sarebbe inoltre importante sviluppare una serie di ritualità, come una tisana o un bagno caldo, che marchino il momento di chiusura delle attività quotidiane e introducano il momento del sonno.

Si prenda in considerazione l'armonia di vita: quando i 5 Sé sono in equilibrio, è facile che torni l'armonia dei cicli naturali di sonno e veglia.

Un buon lavoro di ipnosi meditativa o autoipnosi, come ha saputo fare Paolo, è servito a restituirgli l'equilibrio del sonno, a dormire 7 ore di seguito e a ritrovare il benessere.

Lo stato di flusso

Nicola era una giovane promessa del tennis, che stava vivendo una crisi. Da un lato, la scuola chiedeva molto impegno, senza comprendere assolutamente le sue esigenze di atleta; dall'altro, soffriva la presenza del pubblico: il rendimento durante le competizioni era nettamente inferiore a quello che otteneva negli allenamenti.

Quando un atleta soffre gli spettatori, ha bisogno di creare una barriera tra sé e il pubblico. Occorre che entri nello stato mentale o condizione di flusso, in cui riesce a concentrarsi solo sugli elementi fondamentali, escludendo tutto il resto.

Quindi, lavorammo con Nicola per attivare dentro di sé un interruttore che lo facesse entrare e uscire dallo stato mentale di flusso, dove tutti gli atleti riescono a isolarsi dal mondo interno, per concentrarsi esclusivamente sulle loro competenze e dare il meglio di sé.

Quando si è capaci di azionare tale interruttore, si può organizzare il momento agonistico; nel tennis, la strategia da usare è il "colpo su colpo": ogni colpo è il primo. È fondamentale che l'atleta giochi ogni palla senza essere influenzato dai risultati ottenuti fino a quel momento, buoni o cattivi che siano stati.

Secondo, pianificammo il match in tre fasi: la prima fase, prevedeva di concentrarsi sul servizio o sulla ricezione, a seconda del turno; la seconda, di focalizzarsi sul gioco, attaccando sotto rete o scegliendo la linea di difesa dal fondo;

la terza, chiudere: voltandosi su se stesso, l'atleta interrompeva la sua concentrazione e per tutto il tempo che lo divideva dal seguente servizio o ricezione, restava completamente rilassato, avvantaggiando il risparmio di energie.

Nicola aveva capito subito le strategie, e con gesti di ancoraggio era riuscito a entrare ed uscire da quella concentrazione che poteva isolarlo dal pubblico, dai rumori, dall'ambiente, focalizzandosi solo sul gioco e sul suo avversario.

In questo modo, cominciò a vincere ed a essere soddisfatto dei suoi risultati, e questo lo portò a migliorare anche i risultati scolastici, il che gli permise di concentrarsi ancor di più sullo sport, in un processo circolare di funzionali vantaggi e soddisfazione personale.

Chiave di lettura:

Fare sport a livello dilettantistico è facile: senza particolari mezzi, occorre solo una buona motivazione per ottenere ottimi risultati.

L'agonismo è un'altra cosa. Pensate che un atleta, per ottimizzare un gesto, ha bisogno di ripeterlo almeno 15.000 volte. Un allenamento di tale portata è impressionante, tanto più quando si vuole arrivare a livello olimpico.

A parità di talento e preparazione, vince chi è più forte mentalmente, e ha già vissuto lo stato mentale vincente.

Esistono due categorie di eccellezza: il campione o il fuoriclasse.

Il campione è un atleta che ottimizza qualunque elemento lo riguardi con assiduità, continuità, determinazione. Mennea è stato uno dei più grandi campioni italiani: pur non avendo qualità particolari, riusciva a imporsi ritmi di allenamento che nessun altro riusciva a sopportare. Vomitava ogni giorno, e ciò accade quando si supera l'impossibile, durante gli allenamenti. Questo lo rese unico come tenacia, determinazione, intensità di lavoro. Debora Compagnoni è stata una grande campionessa: ebbe molti incidenti, che fecero pensare alla fine della sua carriera, ma lei riuscì sempre a recuperare, con grande forza di volontà, e ritornare a vincere.

Il fuoriclasse nasce diverso: ha doti e qualità uniche che, confrontate con gli altri atleti, gli danno un vantaggio enorme.

Due fuoriclasse sono Usain Bolt e Alberto Tomba: dotati di una fisicità eccezionale. Sono fenomeni, che nascono una volta ogni tanto, e che per le loro doti naturali possono permettersi anche errori, e in ogni caso vincere

IPNOSI CONTEMPLATIVA

L'ipnosi contemplativa è un viaggio o un'esperienza che costruiamo per diventare la persona che vogliamo essere.

Non si può procedere nella vita senza avere un obiettivo di riferimento, uno scopo, un punto di arrivo. Il soggetto principale di qualunque esperienza è il nostro IO, l'identità. La costruzione dell'identità, sebbene sia quotidiana e capillare, molto spesso ha bisogno di un modello di riferimento. Nella vita, i primi modelli sono quelli dei nostri genitori e delle persone a noi più vicine. Mano a mano che cresciamo, incontriamo altre persone, con altre identità, e siamo attratti dall'immedesimarci in loro. Possiamo dire che tutta la vita di una persona procede per identificazioni.

Il miglior modello che si può avere siamo noi stessi: per questo l'ipnosi contemplativa permette di contemplare, appunto, il modello di noi che meglio aderisce ai nostri desideri, alle esperienze, ai nostri valori, alle credenze e alle convinzioni, a ciò che vogliamo essere e diventare.

L'esperienza più semplice è "far finta": immaginare, sognare e realizzare. I bambini sono maestri nel farlo, giocando a "come se": fingono di essere e, senza rendersene conto, diventano.

Ad esempio, imparare il linguaggio: senza che nessuno glielo insegni, inconsapevolmente, il bambino sa scegliere cosa seguire e cosa apprendere, e spesso, all'età di due anni e mezzo, sa già parlare con termini ed espressioni complesse.

La consapevolezza di ciò arriva negli anni poco alla volta, attraverso una piena immedesimazione nella propria identità. Il bambino inizia a fare i conti con un bisogno di coerenza tra i suoi pensieri, le sue parole e i suoi comportamenti, bisogno che manterrà per tutta la vita.

La coerenza è il principale collante della nostra identità: per principio, per identificarci, non possiamo prescindere dall'unicità: la coerenza è il principio che ci mantiene in essa. L'individuo può essere unico solo grazie alla sua distinzione dagli altri: noi cresciamo attraverso questa differenziazione, modellandoci su noi stessi, su un continuo divenire delle nostre esperienze.

Il bambino fa finta, fingendo di essere inizia ad immaginare: la sua fantasia crea sogni ad occhi aperti. Al sogno segue il bisogno di conoscere in modo approfondito cosa serve per diventare realmente quell'idea, quell'immagine, quel pensiero.

Quando siamo consapevoli di ciò di cui abbiamo bisogno per diventare la persona che vogliamo essere, allora possiamo realizzarlo. Tale concretizzazione è continua e si crea giorno dopo giorno, malgrado le interruzioni di coscienza del sonno, attraverso una continuità psichica costante che ci mantiene nell'idea di noi stessi.

L'adulto fa la stessa cosa del bambino: in questo modo noi continuiamo a crescere per tutta la vita. L'ipnosi contemplativa può accompagnarci in questo viaggio, attraverso le tappe fondamentali per prendere piena consapevolezza di chi siamo e della nostra vita.

PICCOLO ESEMPIO DI IPNOSI CONTEMPLATIVA:

"Voglio che immagini di essere la persona che desideri diventare, che osservi ogni più piccolo dettaglio di questa persona: come si veste, come parla, come si muove, come cammina, come respira...

Raccogli tutti questi piccoli elementi fino a renderli tuoi come un vestito... da indossare piacevolmente lasciandoti guidare dalle forme, dai contenuti, dalle immagini e dalle sensazioni che puoi provare in quell'abito... fino a trasformare tutto questo in una piacevole abitudine, dove abiti la persona che sei diventata... molto bene...

Mi domando se ti rendi conto di quanto questa esperienza ti stia cambiando... mi domando se ti trovi così bene nel conoscere chi sei o se ti confondi piacevolmente in questo cambiamento... comunque sia l'esperienza che porti avanti, hai davanti a te, chiara, l'immagine di questa persona... ne segui il respiro... e ti ci immedesimi... tanto da dimenticare tutto quello che ha preceduto questo momento e viaggi leggero, piacevolmente indotto a pensare a questa esperienza come la tua nuova vita...

E sei altresì tranquillo di poter contare sul tuo inconscio che è il tuo regista... che sa mettere a frutto le tue migliori qualità... che sa farti stupire di te stesso... che sa farti realizzare le tue esperienze nella semplicità di sentirti come arrivato, come se avessi già tagliato il traguardo a cui desideravi arrivare...

Molto bene..."

Amore o lavoro?

Imprenditore, sottoposto a forte stress, mi cercò perché la sua nuova compagna si lamentava, insoddisfatta, del poco tempo che lui le dedicava.

Mi raccontò per sommi capi la sua vita: era stato sposato, ma il matrimonio, da cui era nato un figlio, si era concluso con un divorzio. Buona concausa, secondo Giulio, era stata il suo totalizzante impegno nel lavoro, che lo portava anche spesso a viaggiare lontano da casa.

Ora aveva un nuovo amore, una donna a cui teneva, che era riuscita a costruire un buon legame affettivo con suo figlio, ma con cui la relazione sembrava spesso sul punto di incrinarsi. Si ripeteva lo stesso schema: la sua vita era incentrata quasi totalmente sul lavoro, lasciando ben poco tempo al rapporto di coppia.

Lavorando con il dialogo delle voci, emersero tre distinte personalità di Giulio: la prima, il perfezionista nel lavoro, a cui dedicava quasi la totalità del suo tempo; la seconda, l'uomo che amava flirtare per il gioco in sé, ma che quando il gioco si faceva coinvolgente fuggiva; la terza, innamorata della sua attuale compagna, che riteneva molto importante.

Il perfezionista, il seduttore e l'equilibrato.

Giulio non aveva bisogno di rafforzare la sua identità, che era già forte, così come la fiducia in se stesso. Doveva invece dedicarsi ad accrescere la fiducia negli altri e nella collaborazione con loro. Doveva anche declinare in modo diverso l'amore, la cura, la dedizione, sentimenti che lui dava per scontati, dal momento che erano alla base di ciò che faceva ("tutto quello che faccio, lo faccio per la mia famiglia"). Ma questo comportamento, congruente e normale 50 anni fa, non era invece più adeguato.

Era necessario che capisse che la coppia era cambiata, che chiedeva l'appagamento di desideri e bisogni affettivi, oltre che materiali, e che le sue buone intenzioni andavano rivolte non a curare il lavoro, ma le relazioni personali.

Insieme ci dedicammo a cercare tempo: riorganizzando il suo lavoro, delegando alcune mansioni, Giulio imparò a prendersi cura dei suoi dipendenti, dando loro fiducia ed entusiasmo.

Avendo capito come prendersi cura degli altri, cominciò a prendersi cura anche di sé: iniziò a fare di nuovo trekking, condividendo questa passione con la compagna e con il figlio; si concesse delle cene al ristorante, con Carla; si e le dedicò del tempo libero di qualità, organizzando brevi vacanze in luoghi gradevoli.

Giulio aveva capito quanto il suo sentimento per Carla fosse reale, forte, intenso; che non poteva più seguire la strada adolescenziale dell'ape che vola di fiore in fiore, senza fermarsi mai; e che l'azienda lo stava impegnando troppo, succhiandogli tutto il tempo, e quindi la vita.

Aveva capito anche come riformulare la sua vita, in modo che diventasse fonte di appagamento sia per sé che per chi amava.

Il vantaggio di lavorare con l'ipnosi è di poter seminare piccoli elementi di cambiamento che non preoccupano la parte razionale ed il pensiero critico, perché lavorano di più con l'immaginario. Parte che è ritenuta fantastica e quindi non soggetta a censura da parte dell'identità della persona.

Il lavoro con le parti immaginarie utilizza gli stessi circuiti neuronali che vengono usati nella nostra vita quotidiana; e sebbene non siano sotto gli occhi della critica, i cambiamenti avvengono e in parte sono riportati anche nel quotidiano, senza che siano sottoposti a esami della logica, della razionalità, del senso comune condiviso.

Giulio aveva accettato, lavorando con l'ipnosi, di delegare al suo inconscio la visione dell'insieme, impegnandosi a sviluppare le singole componenti di cambiamento. Questa manovra gli aveva permesso di concentrarsi su piccole azioni, apparentemente insignificanti, che invece erano riuscite a trasformare l'insieme stesso.

Chiave di lettura:

quando si lavora con l'identità di una persona, non è possibile prendere cura in toto la personalità: essa si rifiuterebbe di cambiare, in quanto tende a mantenere una coerenza interna.

Tutto ciò che potrebbe sembrare una ramanzina, verrebbe scartato, in quanto percepito deleterio per l'identità.

Diverso è iniziare a lavorare dalla periferia, che, nel caso di una identità, si concreta sui comportamenti, le azioni, a cui sono sottese valori e convinzioni.

Valori e convinzioni sono la parte protetta dell'identità; ma esiste un certo margine di libertà di lavoro sui comportamenti e sulle azioni.

Con Giulio è stato importante iniziare a lavorare partendo dalla periferia, da cose anche apparentemente banali: piccoli gesti, ad esempio rivolti alla compagna e al figlio uscendo di casa, o entrando in azienda verso i suoi dipendenti; piccoli pensieri sui loro problemi, di cui finalmente si accorgeva.

Azioni e comportamenti andarono poi a modificare i valori e le convinzioni a cui lui era legato.

Molto spesso, facendo cambiare comportamenti alla persona, partendo da semplici azioni, essa vivrà una nuova identità, come conseguenza di piccoli spostamenti di peso, valore, che poi modificano i valori importanti.

Con un effetto domino, altre parti della sua vita vennero interessate dal cambiamento.

Giulio imparò a dare una nuova dimensione al rapporto di coppia: se il tempo è vita, e la vita è tempo, allora misura del nostro amore, del nostro interesse, della nostra passione deve essere il tempo che a lui o lei dedichiamo. Come posso dire di amare qualcosa o qualcuno se non trascorro del tempo con lui o con lei? Se non gli dedico le mie ore?

A quel punto una parte di lui iniziò a sostenere l'amore per la sua donna con l'impegno che ciò richiedeva, dedicandosi davvero a lei.

Talvolta i terapeuti, di fronte a un adulto che manifesta una parte seduttiva, non impegnata, potrebbero avere la tentazione di fargli la paternale, scontrandosi e provocando così un rifiuto della terapia.

La strada migliore è, ancora una volta, usare il gioco delle parti affinché sia la parte adulta del paziente stesso a venire a patti con il seduttore, che potrebbe chiedere comunque un suo spazio, quotidiano o settimanale, in cui poter vivere e manifestarsi.

Il terapeuta ha il compito di stimolare il dialogo fra le parti, mantenendo vive le emozioni espresse, e del mediatore, affinché possano giungere a una conciliazione.

Il paziente infatti potrebbe nascondere le emozioni, ma quando viene messo di fronte a un altro interlocutore e tenuto nel dialogo, allora lo scambio di battute si fa più intenso, rendendo impossibile svicolare via e facendo emergere il sotterrato.

Più la persona entra nelle diverse parti, manifestando le differenze dei protagonisti dell'esperienza, più si ha la possibilità di generare un nuovo ordine mentale su cui appoggiare la vita futura, le nuove abitudini e le nuove esperienze.

È indubbio che, nelle prime fasi del cambiamento, affinché esso possa mantenersi, c'è bisogno di ripetizioni continue, altrimenti la nuova esperienza non reggerebbe il confronto con il mondo reale e con il vecchio sistema.

Quindi è necessario far sì che la nuova esperienza possa essere costantemente collegata ai vissuti, e l'ipnosi, grazie ai messaggi postipnotici, può rafforzare questo processo.

Dalle difficoltà all'appagamento

Potremmo definire la vita di Marina insoddisfacente.

Arrivata a 45 anni, non uno dei settori fondamentali della vita (amore, lavoro, amicizie, autostima) funziona adeguatamente, donandole soddisfazioni.

Lei sfoga le sue frustrazioni nello sport, che pratica assiduamente e con un impegno talvolta ossessivo. Non è infrequente che il fine settimana sia totalmente dedicato a esso.

La pratica fisica le serve anche per tacitare il senso di colpa che la tormenta, per eventi dei quali non ha alcuna responsabilità, al pari di un bambino che si sente responsabile del divorzio dei genitori.

Racconta di una relazione a distanza, portata avanti per anni rifiutando coinvolgimenti più intimi e finita senza che lei ne sapesse nulla, silenziosamente, senza un confronto.

Di un lavoro accettato per conquistare l'indipendenza economica ma che le procura solo noie con il superiore e con i colleghi.

Di un altro rapporto a distanza (ancora!), iniziato con entusiasmo (nell'immaginario) ma poi deludente, che l'ha portata a distaccarsi (nel reale).

Marina sembra una persona esperta in molti campi, sa parlare di temi diversi, dando opinioni e consulenze mirate, ma senza calzare mai nessun ruolo adeguatamente. Il che la porta a non essere riconosciuta come competente dall'esterno.

Dalla sua famiglia di origine non si è mai sentita capita e accettata, nonostante lei abbia cercato di assumere il ruolo di confidente della madre, pur di farsi amare e di conquistare il suo posto.

Famiglia che tuttavia cerca di coinvolgerla negli eventi, nelle celebrazioni delle festività, a cui lei però rifiuta di partecipare, sentendosi nel contempo esclusa.

Marina coltivava un immaginario ben funzionante, idilliaco, perfetto. Il punto è l'approccio col reale, che risulta sempre deficitario, e da cui lei fugge per ritornare nell'immaginario.

Lì, tutto può essere bello, appagante, esattamente come vuole lei.

Ma la vita non si svolge nell'immaginario, la realtà chiama con i suoi imperativi, con le sue esigenze. E l'angoscia che ne derivava veniva consumata nell'attività sportiva.

Per questo cominciai a lavorare con lei come se fosse una bambina che stava iniziando a parlare, a camminare, aiutandola a modellarsi continuamente su un'immagine di sé che fosse calzante alle sue aspettative.

Lavorando con i più piccoli dettagli, dal modo di camminare al tono della voce, dalla postura al respiro, facendole vivere tutte le sensazioni, sono riuscito a farle modellare una nuova persona, da cui lei poco alla volta si è lasciata conquistare.

Dal momento che Marina aveva promesso di impegnarsi a fondo in questa nuova esperienza, era riuscita a raggiungere uno stato che riteneva perfetto, un nuovo modello di sé che la appagava.

L'abitudine, data dalla ripetizione costante e continua della sua nuova modalità, fece il resto, permettendole di economizzare le azioni ed avere sempre a disposizione questa nuova versione di sé.

ascoltando Marina, ho avuto la sensazione che dentro di lei fossero in conflitto due tendenze molto forti.

Una, verso l'autonomia, ma un'autonomia talmente estrema da diventare quasi irrealistica: il non aver bisogno di aiuto, di calore, di relazioni.

La seconda, il desiderio verso le relazioni, che lei trovava però sempre manchevoli, per un motivo o per altro. Partner, famiglia, colleghi: nessuno era all'altezza del suo immaginario, causandole frustrazioni e spingendola ad allontanarsi.

Queste tendenze diventano un gioco di eterni rimandi: l'autonomia alla lunga non la soddisfa, e la spinge verso le relazioni (soprattutto a distanza, per accontentare la prima esigenza), le quali a loro volta non la soddisfano e la rispingono verso l'autonomia. E via dicendo.

Le ho proposto di incontrare il suo inconscio; lei dapprima ha avuto qualche difficoltà ad immaginarlo; quando capisce il meccanismo, lo ha visto come una donna saggia e coraggiosa, un'amazzone.

Lei ha identificato questa guerriera con la nonna, che sapeva agire con efficacia per sé e per la sua famiglia e che era colma di quella saggezza popolare che si manifestava con i proverbi.

Ha iniziato ad avere un dialogo con se stessa, che proprio perché nato da un confronto con una parte di sé diversa, la spingeva ad agire.

Il suo inconscio è riuscito a portarle una prospettiva diversa sulla realtà. Marina ha cominciato a smettere di vivere nel suo immaginario, verso cui qualsiasi realtà sarebbe deludente, e a stare nel reale non fuggendo da nessun'altra parte, grazie alla forza che il suo inconscio-guerriera sapeva darle.

Poco a poco, ha iniziato a trovare elementi del reale che soddisfacevano e appagavano le sue necessità. Ci è voluto qualche tempo affinché questo diventasse un elemento portante del suo quotidiano, ma l'entusiasmo con cui ha mantenuto questo approccio le ha permesso di calarsi nella realtà da protagonista.

La fatica dell'imprenditore

Aveva fatto il gran salto: passare da un lavoro dipendente, di tipo impiegatizio, ad essere imprenditore. Con discreto successo: l'azienda andava bene, aveva conquistato una nicchia di mercato interessante, i dipendenti erano soddisfatti.

Eppure? Eppure lui si sentiva stanco, non fisicamente, ma psicologicamente. Il nuovo ruolo non gli stava dando l'appagamento che aveva fantasticato, né si sentiva riconosciuto dall'ambiente, come nel lavoro precedente. Gli mancavano i colleghi, gli mancavano collaboratori con cui poter condividere quel senso di familiarità e cameratismo che diventano i mattoni della vita quotidiana.

Inoltre, anche la famiglia aveva i suoi problemi: i figli stavano uscendo dall'adolescenza, la moglie era insoddisfatta della loro relazione. Il sistema familiare, a lungo trascurato da Giorgio, per poter portare l'azienda al successo, stava ora venendo alla ribalta con le sue esigenze.

L'azienda stava andando bene, ma la famiglia era piena di ferite. Quindi lui capì che non solo doveva ritrovare se stesso, ma occuparsi anche del benessere dei suoi cari.

Inizialmente lui non capiva cosa fosse il suo inconscio, né quali fossero le risorse a sua disposizione; spiegandogli in modo semplice la natura dei nostri stati mentali, cominciò a capire che si trovava in uno stato mentale depressivo. Non si trattava di depressione clinica, ma di avere sentimenti depressivi.

Questo gli fece capire, analogamente, che aveva delle risorse importanti e che era in suo potere cambiare.

Basandomi sulle sue potenzialità, impostai un'induzione ipnotica che lui, con efficienza manageriale, ascoltò due volte al giorno.

Nel volgere di tre incontri, notevoli furono i cambiamenti.

Anzitutto, cambiò l'atteggiamento che aveva verso se stesso, prendendo consapevolezza dei cambiamenti che era riuscito a ottenere e delle sue risorse. Dandosi lui stesso i riconoscimenti, non sentì più la necessità di averli dall'esterno.

Questo fu un balsamo per la sua autostima e per la fiducia in sé.

Il suo umore cambiò: aveva trovato nel suo inconscio l'amico che gli mancava, che aveva sempre sognato di avere. E la sua vita era mutata, passando dalla tristezza alla gioia, dall'insoddisfazione alla soddisfazione, dalla solitudine al sentirsi unito.

Il suo nuovo benessere lo mise in grado di occuparsi dei suoi familiari. Si mise nei panni di ognuno di loro, per poter capire davvero i loro sentimenti e i loro desideri. Questa era una grande novità per lui, che portò profonde trasformazioni nel sistema.

I figli si ritrovarono ad essere ascoltati, ad di là dei desideri del padre. La crisi con la moglie, invece, non fu sanabile, e decisero di comune accordo di separarsi.

Chiave di lettura:

nella stessa misura in cui la fede religiosa può dare una gran forza nell'affrontare e superare i problemi della vita, in un contesto laico è possibile vivere questa grande forza dando fiducia al nostro inconscio.

Esistono due categorie di intelligenza – e diverse forme: una che chiamiamo razionale, che usa la logica, di facile accesso e comprensione; l'altra è l'intelligenza intuitiva, che a differenza della prima difficilmente svela le modalità con cui si attiva e attraverso le quali ci porta ad avere soluzioni, aiuto e guida. In questo caso l'imprenditore ha identificato le sue risorse e ho creato con esse la preghiera, l'induzione ipnotica.

La preghiera, tradizionalmente intesa, è spesso stata un modo per chiedere aiuto: ci si rivolge a una entità per chiedere un sostegno, una grazia, per essere esauditi. La sua ripetizione fà sì che la persona si rafforzi: il mondo interiore prende piena consapevolezza dei bisogni, e la preghiera stessa diventa, da espressione di un bisogno, una guida, foriera di buone intenzioni.

Non ritengo che sia utile né opportuno suggerire alle persone come vivere la loro vita: chi, meglio della persona stessa, sa cosa le serve veramente? Pertanto, è molto più proficuo dedurre da essa le risorse che le possono essere utili e la strada da seguire.

Una volta composta la preghiera, è importante attuare due azioni. La prima, che la persona la ascolti durante la sua giornata, come stimolo continuo a essere orientato nella direzione corretta. La seconda, legare l'induzione alle memorie del corpo, alle memorie emotive, alle memorie storiche e alle memorie relazionali.

La memoria, infatti, è un composto di esperienze diverse, che interessano il nostro corpo, le emozioni (ricordi emotivi), la nostra storia per come la narriamo, le relazioni che intratteniamo con le persone, con i luoghi, con le cose.

In tal modo la preghiera prende forza: per quanto viene ripetuta, da un lato, e per quanto viene legata alle esperienze che abbiamo vissuto, dall'altro – in una sorta di ancoraggio che richiama costantemente la linea da seguire, non solo dal punto di vista psicologico ma anche attraverso gesti ed esperienze fisiche, che spesso sono le più potenti fonti di cambiamento.

Se noi cambiamo comportamento, nel tempo cambia la nostra personalità, in funzione del cambiamento effettuato. Per questa ragione la costruzione della preghiera va curata in tutti questi dettagli.

Da subito fu evidente che l'inconscio di Giorgio aveva le idee chiare, sapeva su cosa poter contare. Le parole emerse erano cariche di significato e adeguate ad affrontare la situazione che stava vivendo.

Noi viviamo costantemente in un mondo di ripetizioni, che accompagnano tutte le nostre azioni; anche i problemi diventano ripetitivi. Pensare di togliere un'abitudine vuol dire creare un vuoto: e la vita odia i vuoti, pertanto occorre sostituire una nuova abitudine, positiva e adattiva, a quella che si vuole abbandonare.

Questo lavoro è necessario, per non incorrere in un fallimento.

Il paziente, ascoltando quotidianamente l'induzione, così ben ancorata alla sua esperienza, ed entrando da subito in grande confidenza con il suo inconscio, riuscì a far emergere un nuovo stato mentale che cambiò il suo modo di vedere la vita.

Talvolta le persone manifestano il loro senso di solitudine, sebbene siano circondate da altre persone: non si sentono accompagnate, guidate, né protette. L'inconscio è il nostro serbatoio di protezione, riconoscimenti e guida, ma spesso non ne siamo consapevoli.

Durante la nostra infanzia, noi raccogliamo tutte le manifestazioni di amore, protezione, riconoscimento, fino a crearci un serbatoio, un sistema indipendente di maternage che utilizziamo per il resto della nostra vita.

Quando entriamo in crisi, talvolta questo meccanismo non è più sufficiente, e abbiamo bisogno di integrare delle nuove componenti.

Giorgio, avendo strutturato nella preghiera un percorso di conoscenza del proprio inconscio, arrivò ad avere consapevolezza del suo valore e a solidificare parti di sé che prima sentiva mancanti. In tal modo, trovò dentro di sé quegli elementi che nel suo esterno non riconosceva come sufficienti.

Scambio di ruoli: chi è il marito, chi la moglie?

Mi contattò Fabrizio, per un problema riguardante la sua carriera: riteneva di aver diritto alla promozione, ne aveva i titoli, l'esperienza, l'anzianità.

Pensava, però, che il suo carattere "bonaccione" fosse un ostacolo e fosse malvisto dalla Direzione.

Così, mi chiese di poter lavorare sul suo animus maschile: sulla forza, sull'energia, sulla grinta, sul coraggio.

Lavorammo per qualche seduta, sulla fiducia in sé, sulle risorse che finalmente sentiva di possedere e, in modo decisamente sincronico, lui ottenne la promozione!

Dopo una settimana, mi ricontattò: voleva venire con la moglie, Laura, per un problema che li riguardava entrambi: lei non riusciva a rimanere incinta.

Quando arrivarono, sia dall'abbigliamento che dall'atteggiamento fu palese chi era il maschio della coppia, banalmente "chi portava i pantaloni in famiglia": lei. Lei che, per mettermi alla prova, mi aveva mandato il marito, affinché il suo problema fosse un test per le mie capacità.

Avevo lavorato in altri casi di difficoltà a concepire di origine psicosomatica, che quindi può essere risolta grazie all'ipnosi. In questi casi, dopo che si sono scartati i problemi di origine fisiologica, è utile approcciare il problema in modo sistemico, cioè considerare il sistema di riferimento a cui Laura e Fabrizio appartenevano.

In tal modo vengono palesati i ruoli e come vengono ricoperti: in natura, l'uomo deve fecondare la donna, e non viceversa.

Esistono uno yin accogliente e uno yang fecondativo che vanno rispettati. Laura e Fabrizio nella vita ordinaria avevano invertito tali ruoli, ma questo creava difficoltà nella biologia arcaica, dove la vita da sempre stabilisce ruoli precisi.

Il tentativo fu di convincere la signora a essere tradizionalmente femmina almeno nell'intimità della camera da letto: dolce, accogliente, disposta a lasciare al marito il ruolo di uomo, a farsi guidare.

Quando Laura comprese questa dinamica dei ruoli, accettò di modificare il suo atteggiamento, consapevole che nella vita domestica era per lei un peso innaturale continuare a indossare gli abiti della manager e desiderando vivere armonicamente la coppia.

Nel giro di tre incontri, Laura restò incinta. Ebbero un bambino.

Chiave di lettura:

in ambito psicoterapeutico, e in particolare usando l'ipnosi, che va a toccare nel profondo, è essenziale che il paziente si fidi del terapeuta, e che quest'ultimo riesca a guadagnarsi la sua fiducia.

In questo caso la paziente, per un argomento così delicato, fece in modo di concedermi la sua fiducia dopo che ero riuscito ad aiutare suo marito.

Con buona probabilità questa mossa aumentò la mia credibilità e le sue aspettative sulla riuscita del mio intervento con lei.

È molto importante che il paziente si faccia un'idea positiva del risultato che può ottenere dal lavoro.

Senza volerlo, diedi prova di poterla aiutare veramente.

Per quanto riguarda il concepimento, la cosa è ancora più delicata: molti degli aspetti che noi consideriamo relazionali sono legati ad atteggiamenti, comportamenti, attitudini relativi al ruolo che ricopriamo all'interno della coppia. In particolare, affinché possa funzionare un rapporto sessuale destinato alla procreazione, i ruoli di uomo e donna devono essere ben definiti e tradizionali. Occorre che sia la natura a dettare le regole della relazione, non la testa: il corpo, non la mente.

Dando spazio al ruolo femminile della moglie e al ruolo maschile del marito, il concepimento venne raggiunto con facilità.

Ovviamente ogni coppia ha la sua storia: a livello generale, oltre ai giusti ruoli, altri fattori vanno considerati.

Molto importante è anche la tranquillità della donna rispetto alla gravidanza e al parto, il sentirsi amata, il sentire di poter dare la giusta accoglienza al nascituro, sia in senso materiale che spirituale.

Non poche donne hanno paura della sofferenza del parto; parlando con altre donne che hanno già partorito, si rendono conto che la natura fa dimenticare questo dolore, altrimenti sarebbe impossibile avere un secondo figlio.

Spesso l'ipnosi fa vivere meglio non solo il momento del parto, ma soprattutto tutti i mesi della gravidanza, liberando da paure e angosce.

Laura prese fiducia nel suo corpo e nell'alchimia della coppia, e questo fu un ulteriore elemento di riuscita.

Per l'uomo è spesso un problema di economia: ha preoccupazioni economiche, sul poter mantenere la sua famiglia: aver raggiunto l'obiettivo di carriera fu molto importante, per Fabrizio, per incarnare l'archetipo maschile del cacciatore, dell'uomo tradizionale.

Capisco, dunque cambio

Gli avevano consigliato di venire da me perché da qualche tempo si era chiuso in casa, in preda a paure e a uno stato depressivo. Anche in pieno giorno, si rintanava nella sua stanza con le tapparelle abbassate, ad escludere qualsiasi raggio di sole e di vitalità.

Il che era ben distante dalla persona che era sempre stato: socievole, amante dei viaggi e del bello.

Trovammo fin da subito un terreno fertile di conversazione nel costruttivismo: io parlavo, lui, interessato, interloquiva e prendeva appunti. Intervallando il tutto con induzioni ipnotiche tese a fargli prendere confidenza con il suo inconscio.

Federico prese coscienza che gran parte del suo problema era determinato dalla sua organizzazione mentale, dalle convinzioni limitanti, dalle aspettative negative che aveva su di sé e sul suo futuro, dalla poca autoconsapevolezza.

Il lavoro partì dalla conoscenza del proprio modo interiore: iniziò a conoscere il suo inconscio, il suo corpo, le sue emozioni. Iniziò a narrare la sua storia in modo diverso, stando attento a come la raccontava, alla parte che narrava di aver vissuto. Tutto questo gli apriva sempre di più il dialogo con il suo inconscio e lo conduceva ad adottare l'autoipnosi come un mantra che indusse il cambiamento.

Poco per volta, cambiò la sua filosofia di vita e il suo modo di vivere, riprendendo contatti con gli amici, tornando a fare esperienze che, in un gioco di rimandi, gli aprivano ancor di più la vita.

Rimase folgorato dal principio costruttivista per il quale noi siamo canalizzati dal modo in cui anticipiamo gli eventi (G. A. Kelly) e si dedicò a cambiare le sue aspettative sul futuro.

Si rese conto che non si può parlare di sé se non si conosce davvero se stessi, le proprie modalità, i propri modi di reagire al reale.

Il suo fu davvero un cambiamento insieme mentale ed esistenziale: lo studio di una nuova filosofia fu la chiave che lo condusse alla trasformazione.

Dalla cognizione, la nuova comprensione si estendeva al corpo, ai gesti, all'inconscio: come se fosse una danza sacra, i movimenti del corpo lo inducevano a memorizzare nel profondo i concetti che potevano essergli di aiuto nella sua vita.

Man mano che si sviluppava la conoscenza, ritornava anche la sua creatività, la voglia di vedere gli amici, di viaggiare.

E così fece, tornando a lavorare a Londra, Parigi, New York. Non ci fu più nulla a frenarlo: il suo immaginario era dalla sua parte e gli presentava un mondo ricco di possibilità, tutte da vivere.

Chiave di lettura:

non si chiede di essere mentore, ma si può accettare di esserlo quando qualcuno si rivolge a noi avanzando questa richiesta. Si viene scelti, in un certo contesto e per un certo periodo di vita.

A Federico mancava la conoscenza psicologica, e io fui il suo docente. Aveva seguito molti corsi, aveva molti interessi, ma gli mancava la cultura psicologica, del saper entrare in quella parte che aveva sempre percepito come un profondo buio.

Parlare con me gli rese possibile prendere confidenza con quel mondo e sentirlo vicino e fruibile; capì che anche la sua creatività derivava dal suo mondo interiore; e che il suo inconscio, lungi dall'essere un luogo oscuro e pericoloso, poteva essere fonte di luce e di talenti.

Ebbi la sensazione, a posteriori, che, quando arrivò da me, si trattava di un bambino impaurito; poi, lavorando insieme, diventò un adolescente entusiasta e creativo, infine un adulto maturo.

La modalità del lavoro è stata l'ipnosi conversazionale, di cui Milton Erickson è stato un maestro, l'aprire un discorso coinvolgendo, informando e guidando il paziente contemporaneamente.

Questa sarebbe la miglior arte da apprendere per i futuri insegnanti: l'arte della docenza ha molto a che fare con l'ipnosi conversazionale, in cui, in modo semplice e naturale, usando metafore e storie che curano, si aiutano gli allievi a capire, crescere e evolvere.

Possiamo distinguere l'ipnosi con trance e l'ipnosi senza trance. Buona parte del lavoro psicoterapeutico si basa su un'ipnosi senza trance, non particolarmente profonda, ma che mantiene e consolida l'idea che il terapeuta sia una guida per il suo cliente.

È importante considerare l'ipnosi senza trance altrettanto efficace dell'ipnosi con trance, nella quale si attua un particolare rilassamento e una discesa nella trance: nella prima, il soggetto mantiene una buona parte cosciente di sé, essenziale per l'apprendimento. Si hanno, contemporaneamente, un abbassamento della critica e un mantenimento della coscienza, elementi che favoriscono l'apprendimento.

L'ipnosi senza trance avviene ad occhi aperti; la persona non ha i segni dell'ipnosi profonda, ma mantiene costante l'attenzione all'ipnotista (terapeuta, insegnante), è disponibile a fare ciò che viene chiesto, ad aggiungere elementi alla conoscenza di sé.

Talvolta Federico torna da me, a distanza di mesi o anni, per rifare il punto della situazione, come se fosse una remise en forme. In ciascuna seduta, riprendiamo il discorso interrotto, con naturalezza.

Vita di coppia, dall'allontanarsi al ritrovarsi

Venne prima lei, perché si sentiva un po' demotivata e affranta, lamentandosi di dover lavorare sia fuori casa che dentro casa, accudendo il marito e i figli, e di come tutto questo talvolta fosse molto oneroso.

Quando iniziai ad analizzare le cinque relazioni – con se stessa, con la famiglia, con il lavoro, con il partner, con gli amici - non riusciva a parlare del suo rapporto di coppia. Teresa capì che quella parte era la più zoppicante, e che sarebbe stato meglio venire in terapia con Piero, il marito.

Piero, che mi ero raffigurato come assente, era invece confuso. Il dialogo tra di loro scarseggiava, non perché lui non volesse, ma perché lei aveva bisogno di una elaborazione personale che non condivideva con lui. Nella coppia, era Teresa a prendere le decisioni; e anche per la terapia era stato così: finché non aveva deciso lei di coinvolgere il partner, lui aveva aspettato, quasi in disparte.

Il fatto che Piero si fosse realizzato nel lavoro, inoltre, era un elemento di attrito anziché di gratificazione condivisa, poiché lei aveva paura di perdere potere personale e di non avere più la presenza del marito.

La loro relazione era mancante anche sul fronte sessuale; erano ben organizzati come famiglia, ma non più come coppia.

Iniziammo a ripercorrere la loro storia: emerse chi la raccontava, in che modo, quali episodi metteva in luce, quali ricordi i due partner condividevano e quali erano solo personali.

Poi proseguii nel fargli fare una lista di pro e contro, sia su se stessi che sul partner. Questo esercizio è molto rivelatore, perché anche coppie che si conoscono da anni possono rimanere sbalordite da ciò che l'altro realmente pensa di loro.

Alla fine lavorai su induzioni dedicate, dandogli il compito di farsi mini induzione, comunicandosi reciprocamente le cose che veramente volevano dire all'altro, accompagnando le parole con dei massaggi reciproci – questo per sbloccarli anche dal punto di vista sessuale.

Per aiutarli in questo ultimo punto – talvolta si perde l'abitudine all'intimità sessuale – ho proposto loro il gioco del re e della regina: un giorno alla settimana, dovevano farsi eleggere regnanti, a turno, e tutto quello che avrebbero chiesto sarebbe stato esaudito.

Teresa e Piero si scoprirono nuovamente e, grazie anche a una nuova luna di miele, riuscirono a ringiovanire la loro coppia.

Chiave di lettura:

molto spesso le persone somatizzano situazioni della loro vita di coppia e, in modo miope, pensano che sia una problematica personale, dimenticandosi dell'aspetto relazionale.

Così Teresa venne da me cercando dentro di sé la risposta alle difficoltà che sentiva di vivere, e ben presto si rese conto che tali disagi nascevano invece in talune mancanze della sua relazione coniugale, alla quale nessuno dei due partner si interessava realmente.

Questo capita di sovente quando l'attenzione dei genitori si concentra sui figli, e la vita della coppia viene trascurata. Accade di cercare svaghi ed interessi al di fuori della relazione, col rischio, tuttavia, di impoverire ancor più il rapporto, anziché arricchirlo.

Le coppie si formano quando due persone trovano di avere interessi, volontà e desideri in comune; in genere poi si dedicano a costruire un nido che diventa il luogo di accoglimento per loro.

Quando il nido accoglie i figli, la coppia perde i ruoli iniziali, e diventano più importanti i ruoli genitoriali. Come qualunque lavoro portato avanti nel tempo, se la coppia perde il significato dello stare insieme, il legame può indebolirsi fino a rompersi.

In un'evoluzione naturale, una volta che i figli sono cresciuti, resta il nido vuoto, che ha bisogno di essere nuovamente ricomposto da una coppia che affronti altre fasi di vita.

La coppia è un terzo elemento rispetto ai singoli che la compongono, e può essere di più o di meno rispetto alla semplice somma delle caratteristiche dei singoli. Quando è più, diventa una splendida realtà esistenziale, foriera di crescita personale; quando è meno, diventa una prigione da cui si desidera solo evadere.

Per riconciliare l'armonia di coppia è importante ritornare ai momenti iniziali, di innamoramento, di entusiasmo, di armonia, perché in tal modo si vede quanto la radice è sana; se lo è, spesso si tratta di potare l'albero, mettendolo in grado di far nascere nuovi germogli, e rendendolo ancora più forte.

I partner devono trovare il modo di tagliare i rami secchi, favorendo nuovi innesti, condividendo tempo ed esperienze insieme.

IPNOSI REGRESSIVA

L'ipnosi regressiva è, in parole poverissime, un viaggio indietro nel tempo.

Essa permette di recuperare la nostra vita passata in un modo più completo rispetto alla storia che ricordiamo, dal momento che porta a rivedere o a rivivere l'accaduto come se fosse il presente.

Si distinguono, in effetti, due modi di ritornare al passato: come visione, da spettatori che guardano un film, o come rivificazione, da protagonisti dell'accaduto. Quest'ultima forma è la più intensa, in quanto si è calati nell'evento e si percepiscono sensazioni, suoni, immagini, pensieri, emozioni, come nella vita reale.

L'ipnosi regressiva è molto valida nel recupero di risorse di momenti del passato, ad esempio dell'infanzia e dell'adolescenza; nel rivivere le emozioni si ha un grande vantaggio legato al poter lasciare andare vecchie esperienze e creare spazio per il nuovo.

Questo è necessario affinché la mente si liberi di elementi che non servono più o che sono diventati di intralcio. Quando dormiamo, il nostro inconscio lavora incessantemente per generare nuovo spazio, buttando via ciò che non serve. Senza questo meccanismo, saremmo saturi in breve tempo e non potremmo più avere nuovi apprendimenti, né adattarci alla vita. Talvolta questo processo è insufficiente e si rivela opportuno liberare ulteriore spazio, chiudendo sospesi, guarendo ferite, perdonando, lasciando andare.

Quindi, tra l'intensità delle emozioni e la riorganizzazione stessa dei vissuti, si può arrivare a cambiare il senso della nostra storia, grazie alla ristrutturazione del nostro passato.

Negli ultimi anni è diventata molto famosa la regressione a vite precedenti (per chi crede nella rinascita), metodo che aiuta a sciogliere blocchi, sanare disagi, malesseri, coazioni a ripetere inspiegabili, acquistare nuova consapevolezza rispetto a chi siamo e alle persone che ci circondano.

Nella mia esperienza, spesso le persone riuscivano a liberarsi di errori ripetuti perché, grazie alla regressione, ne avevano capito il senso, il che rendeva facile lasciar andare.

Può anche essere una forma di arricchimento: persone semplici, se nella regressione vedevano personaggi nobili o colti, erano incuriositi e invogliati ad approfondire certi studi o a prendere il Sé del passato come un modello per la vita presente.

Spesso si riceve un vero insegnamento di vita: il confronto con le esperienze del passato permette una valorizzazione della situazione attuale, che si tende a dare per scontata.

Altre persone hanno poi intrapreso viaggi per il mondo per rispondere a domande emerse, per verificare certi elementi (date, luoghi, nomi).

Tutti ne sono ritornati arricchiti, avendo trovato motivi e risposte a dubbi esistenziali o a disagi fisici ed emotivi.

PICCOLO ESEMPIO DI IPNOSI REGRESSIVA:

"Voglio che pensi al tuo ultimo compleanno... e con la tua mente torni a quello precedente e che vai indietro, ancora più indietro... e mano a mano che vai indietro, ti scopri sempre più giovane... ancora più indietro, sempre più piccola... ancora più indietro...

E torni a quando eri in prima elementare, a conoscere tutte quelle cose nuove, a giocare per divertirti... e vai ancora più indietro, ancora più indietro... immagini il tuo primo anno di vita... e tutte le persone che intorno a te erano contente del tuo crescere e del tuo vivere... e vai ancora più indietro, in un tempo lontano... ancora nel grembo di tua madre... com'era tutto strano quel mondo... così ovattato e silenzioso, così piacevole e delicato...

E voglio che tu vada ancora più indietro, e immagini l'attimo prima di essere concepita... e guardando dietro le tue spalle vedi un tunnel buio... con in fondo delle luci... e andando verso quelle luci scopri tre grandi porte da cui filtra una luce intensa...

Ora voglio che tu guardi bene queste porte... una porta richiama la tua attenzione e la vuoi aprire... ora... e afferri la maniglia... ora... e apri la porta... ora... e vieni avvolta da una luce intensa, una luce che abbaglia, una luce intensa tutta intorno a te... poco alla volta i tuoi occhi si adattano a quella luce e puoi guardarti intorno... puoi guardarti le mani, i piedi, i tuoi vestiti... chi sei? Dove ti trovi? Come ti chiami? Cosa succede intorno a te?..."

Documenti smarriti, consapevolezza ritrovata

Davide mi aveva telefonato perché non si ricordava più dove avesse messo il passaporto della compagna, straniera, e lei voleva tornare a casa. Ovviamente lei aveva già avviato la richiesta di un nuovo passaporto, ma lui voleva proprio dimostrarle di poterlo ritrovare.

Così, mi chiese di sottoporsi a una ipnosi regressiva e io, benché l'argomento non fosse terapeutico, accettai.

Quando arrivò, mi resi conto che era un uomo estremamente razionale (il che talvolta rende più difficile l'immersione nella trance), ma voleva davvero sottoporsi ad ipnosi per raggiungere il suo scopo.

Come spesso dico, ognuno ha l'inconscio che si merita, e, soprattutto, l'inconscio ha le sue leggi, che il conscio non conosce. Il che vuole dire che ogni seduta di ipnosi è una storia, un mondo a sé, le cui redini non sono tenute né dalla razionalità del paziente né dall'ipnologo: è l'inconscio che decide cosa proporre.

Durante la seduta di ipnosi regressiva Davide non vide effettivamente dove aveva messo il passaporto, ma gli tornarono alla mente altri ricordi, utili alla conoscenza e alla consapevolezza di sé.

Rivide un periodo della sua adolescenza in cui, come capo scout, gli avevano dato incarichi importanti, che lui aveva saputo svolgere bene – il che gli aveva dato una buona autostima, che negli ultimi tempi era venuta un po' a mancare.

Rivide suo padre, mentre gli insegnava quanto fosse importante mantenere fede alla promesse – il che gli fece capire quanto non avesse rispettato gli impegni con la sua compagna e ora la stesse trattenendo più per orgoglio che per amore.

La seduta fu particolare, in quanto lui entrava ed usciva dalla trance.

Ogni volta che un ricordo gli appariva vivido, desiderava parlarne, e potevamo affrontare le emozioni che aveva provato e rielaborare il passato. La ricerca del documento perduto diventò così un esame approfondito della sua vita, delle sue esperienze.

Per amor di cronaca, il passaporto venne ritrovato dopo che la compagna ebbe ricevuto il nuovo (rendendo palese che il non ritrovarlo era stata una manovra diversiva del suo inconscio, per trattenere con sé la compagna), ma ciò non contava più: importante erano i passi che aveva potuto compiere sul cammino della crescita personale.

Chiave di lettura:

questo caso dimostra come noi viviamo la nostra vita in modi diversi, che possiamo definire stati d'animo, o più correttamente stati mentali.

Uno stato mentale è un insieme di sensazioni fisiche, emozioni, pensieri, idee, connessioni, sia consce che inconsce, e sostanzialmente è guidato e coordinato dal nostro dialogo interno.

Ogni stato mentale ha la sua memoria, che a sua volta è stato-mentale dipendente: per poter recuperare un ricordo dobbiamo poter accedere allo stato mentale ad esso collegato.

Di solito, recuperando lo stato mentale, si recupera il ricordo. Ma pur facendo così, Davide non riusciva ad accedere alle memorie, perché il beneficio della dimenticanza era più forte.

In realtà lui non voleva che la sua compagna partisse, e il suo inconscio l'aveva aiutato facendogli dimenticare dove aveva messo il passaporto. Non a caso, appena lei ebbe il nuovo documento, quindi non appena la sua dimenticanza non ebbe più senso di esistere, la memoria ritornò.

Quando si approccia un caso, è sempre necessario valutare i benefici secondari di una malattia, un disturbo, un disagio: talvolta sono così forti e importanti che mantengono in vita il disturbo stesso, nonostante la conscia volontà di guarire.

Capita talvolta che si inizi un caso per un motivo e poi si scoprano molteplici altri aspetti. Questo è un vantaggio del lavoro di ricerca e crescita personale, perché la realtà quotidiana tende a funzionare come un rullo compressore, che livella e appiattisce tutto.

Solo quando ci prendiamo il tempo di riconsiderare le esperienze che viviamo, concediamo ad esse di donarci i loro frutti, apprendendo dalle esperienze; ma se non ci soffermiamo in questa opera di autoanalisi e ricapitolazione, ciò non avviene.

Sarebbe importante concedersi un momento serale di analisi della propria giornata, per andare a ripercorrere i momenti che si sono vissuti, quelli in cui siamo stati soddisfatti del nostro comportamento e quelli che, invece, ci fanno sentire in colpa o inappagati. Possiamo in questi ultimi casi imparare a scrivere ogni volta un finale diverso, il che permetterebbe al nostro inconscio di imparare nuove lezioni e di avere un atteggiamento saggio.

Davide seppe guardare i momenti della sua vita passata e imparando da essi a guardare la realtà non più e non solo dalle due dimensioni della causa e dell'effetto, ma adottando la terza dimensione dell'effetto che diventa causa.

Ovvero: in che modo un evento di cui io sono stato causa modifica poi il mio comportamento? In che modo l'effetto diventa causa di un altro effetto?

Adottare il principio della circolarità causale aiuta a capire in che modo noi cambiamo a seconda degli eventi e delle esperienze della vita.

Questo è il concetto di ecologia della mente, che introduce una variabile che cambia il modo di percepire la realtà, ed è possibile solo se ci prendiamo il tempo di farlo.

La nostra mente cancella ogni notte molte parti della nostra esperienza; ricapitolando la giornata ogni sera, invece, permettiamo a tante parti del nostro vivere di fissarsi in modo diverso e di dare una punteggiatura diversa agli eventi della nostra vita.

Davide lo fece nella trance ipnotica, conoscendosi per la prima volta.

L'ho tradita? Non ricordo…

Mi cercò per sottoporsi a una seduta di ipnosi regressiva, perché non si ricordava se, durante il suo ultimo viaggio di lavoro in Thailandia, aveva tradito la sua attuale compagna con una prostituta.

Di famiglia molto cattolica, sentiva la necessità di scoprire se si era comportato moralmente, se aveva mantenuto fede alla sua fede: questo era per lui un punto molto importante.

Il suo dubbio aveva messo in crisi anche la sua relazione sentimentale; pensava che solo un viaggio indietro nel tempo avrebbe potuto essergli utile, dal momento che quella sera aveva bevuto troppo, davvero troppo.

Michele usava l'alcool per evadere, quando i modelli familiari gli diventavano soffocanti. Non era un alcolista, ma ogni tanto esagerava, se si sentiva oppresso da un modello a cui si sentiva molto legato ma che risultava superato e limitante per la vita che conduceva.

Si sa: la memoria è stato-mentale dipendente, quindi è possibile che qualcosa avvenuto in uno stato mentale alterato, di ebbrezza, non venga più ricordato nello stato mentale della normalità (e viceversa).

Lo riportai in Thailandia, a quella sera. Entrò nello stato mentale del professionista affermato e globalizzato, e iniziò a parlare in inglese.

Inizialmente si sovrapponevano realtà diverse, sembrava confuso, come se non sapesse che strada prendere, come se una parte di lui non volesse recuperare quel ricordo.

Più volte aprì gli occhi, dicendomi di sentirsi in conflitto.

Gli consigliai di lasciar fare al suo inconscio, che ben sapeva dove portarlo, come guidarlo al meglio. Questo lo tranquillizzò, e riuscì a immergersi profondamente nella trance.

Emersero ricordi legati a quel momento: l'incontro con la prostituta, che aveva un figlio, il desiderio di aiutarli. Era stato approcciato fuori da un locale, ed era rimasto colpito dagli occhi della ragazza, buoni. Si era sentito accolto, piuttosto che infastidito, e aveva accettato di tenerle compagnia per quella sera.

In Thailandia spesso "tenere compagnia" vuole dire concludere la serata sessualmente: ma lui voleva solo poterle dare dei soldi grazie a quelle ore passata con lei. La ragazza l'aveva portato a casa sua, dove c'era suo figlio con un'altra ragazzina, che quando li aveva visti, aveva portato via con sé il bimbo.

Iniziò a parlare in thailandese. E lì, non potendo più seguirlo nella lingua, mi affidai alle sue espressioni, a quello che andava oltre il suo idioma. Non si manifestò nessun desiderio, nessuna pulsione sessuale. Sembrava palese, come poi mi confermò, solo la spinta ad aiutare economicamente quella piccola famiglia, un sentimento umanitario.

noi nasciamo in un ambiente carico di tradizione, che è la memoria storica dei vissuti della nostra famiglia. Essa interessa tutti i membri, ma in particolare impegna il primogenito.

La famiglia di Michele era di origine contadina: essendo lui andato a studiare a Padova, aveva conosciuto un mondo completamente diverso e in breve si era trovato schiacchiato tra questo nuovo mondo e la tradizione familiare a cui si sentiva molto legato. Aveva così cercato di salvaguardare a ogni costo quel modello.

Finché era rimasto in un contesto di provincia, era riuscito a rimanere sufficientemente equilibrato. Quando però il lavoro l'aveva portato in contesti internazionali e culturalmente molto diversi, gli insegnamenti familiari era diventati troppo limitanti e lui aveva sentito l'imperativo di dover disegnare una nuova via per sé.

Aveva molto patito questo cambiamento, con diversi momenti di rifiuto e inquietudine, che lui aveva cercato di superare con l'alcool: gli dava quello stordimento che poi gli serviva per fare un cambiamento.

Nell'ipnosi regressiva, in particolare, è possibile favorire dei cambiamenti proprio per l'intensità con cui certe esperienze vengono vissute.

Ogni volta che si vive un'esperienza di ipnosi, essa è autentica: si vive davvero ciò che si manifesta, usando alcune parti del cervello o il cervello in maniera differente. Affinché ciò possa avvenire, non si tratta di ricordare, quanto di rivivere.

La rivificazione può essere di due tipi: o io sono l'attore che vive l'esperienza, oppure sono lo spettatore e nel contempo l'attore. Questa modalità modifica necessariamente il ricordo, portando parti nuove di esperienza che cambiano le memorie.

Nell'ipnosi regressiva tale meccanismo è ancora più forte, nella misura in cui è possibile andare a vivere nuovamente un'esperienza che si era già vissuta.

Nella maggior parte dei casi l'ipnosi rende le persone oneste con se stesse, facendo emergere la sincera verità, anche quando è all'interno di una grande bugia.

È molto importante strutturare una induzione, regressiva o progressiva, in modo da non perdersi. Nella stessa misura in cui la memoria è stato dipendente nella vita quotidiana – e in uno stato di ansia si perdono i ricordi – lo stesso avviene nello stato di trance. Se si scatena una paura, o un'ansia, la persona perde il filo della memoria.

Quindi è necessario sviluppare un pretalk parlando dell'inconscio e delle sue potenzialità perché la persona possa sentirlo presente e una risorsa. È altrettanto importante, durante l'induzione, saper tranquillizzare il paziente e riportarlo a uno stato di calma e di fiducia nella propria inconscia saggezza.

Dottor Jeckill e Mr. Hide: la distruttività del guerriero

Alessandro mi cercò per un problema concreto: una volta al mese distruggeva un'auto. Sempre da solo, la notte, e senza mai coinvolgere altri. Ma il tutto iniziava a essere molto dispendioso: le auto, o erano totalmente da rottamare, oppure subivano danni ingenti. Aveva anche rischiato la vita: si era spaventato, e aveva deciso di cercare aiuto.

Era come se in lui convivessero due persone diverse, che creavano due vite separate, una di giorno e una di notte. Di giorno, era un apprezzato imprenditore, molto puntuale, preciso, ordinato, capace di relazionarsi con altri, affidabile.

Di notte, diventava un adolescente, con un atteggiamento esagerato in tutto quello che faceva. La stessa personalità appariva nella sua sfera sentimentale: era un Don Giovanni, esaltato, inaffidabile.

Chiese, con buon intuito, di sottoporsi a ipnosi regressiva. Andò in uno stato di trance molto profondo, e si vide nei panni di un guerriero, che gridava "Reselèm". Con il proseguire degli incontri, durante un lungo ciclo, emersero sempre più elementi.

Si trattava di un guerriero Maya, e l'acclamazione era "Re Salem". Si vedeva come un condottiero del re, con il compito di guidare le folle a combattere per il sovrano. Per questo, era molto stimato dal regnante.

Anche nella sua vita attuale vivevano in lui tendenze istrioniche, da condottiero di popoli.

Fece anche un viaggio in Perù, dove si sottopose a una trance regressiva con uno sciamano del luogo. Mi raccontò che in quell'esperienza riemersero i passaggi che aveva già vissuto con me, il che gli fece apprezzare l'ipnosi, che considerava potente quanto l'esperienza sciamanica.

Rivivere quella vita fu catarchico per lui: ciò rese il suo cambiamento più lungo nel tempo ma più profondo. I processi di catarsi vanno assimilati ed integrati.

Alessandro riusciva a sfogare l'energia del guerriero nei nostri incontri, invece che guidando con avventatezza. Iniziò a vedere questo guerriero come il suo inconscio, e a contattarlo per ricevere la sua energia, la sua acutezza, il suo coraggio.

L'impressione che ebbi fu di un cambiamento quasi naturale: ogni volta che ritornava dalla trance, aggiungeva un elemento che lo rassicurava e lo rinforzava. Sia il suo lavoro che la sua vita personale ne ebbero vantaggi: si orientò nella sua vita affettiva non più come un latin lover ma con un atteggiamento costruttivo.

Chiave di lettura:

uno degli elementi più importanti della fenomenologia ipnotica è proprio l'abreazione. Si tratta di un'esperienza non solo emotiva e spirituale, ma anche e soprattutto fisica. La fenomenologia che si può riscontrare è intensa: pianto, urla, agitazione, convulsioni. Il corpo si trasforma, subendo cambiamenti così forti da manifestarsi sul piano psicologico.

È una catarsi profonda, che un tempo scatenava le cure degli esorcisti, e oggi interessa il lavoro degli ipnologi, degli psicoterapeuti, degli psichiatri.

Capita spesso, durante l'ipnosi, che la persona agisca, più ancora di quanto avviene durante il sogno, dove l'azione muscolare è inibita: durante lo stato di trance ipnotica non si verifica immobilità totale (se non in stato di trance molto profonde).

Molto spesso si lega a dei credo religiosi; ciò che viene manifestato, attraverso manifestazioni eclatanti, è una liberazione, una purificazione, che precede un cambiamento.

L'abreazione è un sorprendente "come se", che si trasforma in "così è": per il nostro cervello non è possibile distinguere tra un fatto realmente accaduto e un fatto immaginato o sognato. In stato di trance, vengono vissuti come uguali.

Come conseguenza, la persona vive una situazione diversa dall'ordinario in cui può sperimentare ruoli, qualità, parti differenti da quelle della sua vita conscia. Questo induce un cambiamento nello stato di trance che viene trasposto nella vita reale.

Non è importante che quello che si rivive sia accaduto o meno: il nostro cervello agirà come se lo fosse.

Durante la regressione ipnotica, si rivivono accadimenti che vanno poi a sciogliere blocchi della vita attuale, o a cambiare comportamenti, o a fermare ripetizioni. Talvolta ciò accade in modo inspiegabile per il terapeuta, senza che si possa rintracciare una correlazione diretta tra quando visto e il cambiamento stesso. Però accade.

Chi la vive, sviluppa un sistema di convinzioni sull'accaduto, perciò riesce a inquadrare la regressione nella propria vita, a darsi spiegazioni, a vedere connessioni.

La lettura di Alessandro rispetto alla sua personalità dissociata fu quella di dire a se stesso che quella sua vita passata aveva avuto un grosso peso nella vita che stava vivendo, tanto da riuscire a influenzarla. Riuscendo a collocare le sue emozioni nel tempo e nello spazio, in quella vita passata, la parte di sé che si sentiva legata a quel mondo si tranquillizzò.

Quella parte, finalmente riconosciuta e vissuta, non ebbe più bisogno di manifestarsi in modo sorprendente con incidenti di auto. Il suo inconscio era appagato di poter divere durante le trance regressive, la sua anima da guerriero di poter essere ancora presente.

La morte del Cristo

A poco più di vent'anni, venne accompagnato dalla madre. Fermo da due anni sull'ultimo esame, con la tesi praticamente pronta, non riusciva proprio a concludere il corso di studi.

Matteo era convinto che questo blocco fosse legato a dei sogni a sfondo religioso, che riguardavano soprattutto la figura di Gesù Cristo. Aveva chiare tendenze verso il misticismo: nei sogni, sapeva che stava per raggiungere il Cristo, ma non accadeva mai, non riusciva, il che era frustrante.

Mi aveva quindi cercato con l'idea di sottoporsi a ipnosi regressiva, per essere guidato e andare oltre.

Nella trance, andò indietro e si rese conto di non dover andare dal Cristo, ma di essere lui stesso Gesù. Rivisse la morte, con una fenomenologia fisica notevole. Si mise nella posizione della crocifissione, la pelle diventò pallida e violacea, spirò con tre respiri.

La madre lo guardava attonita, anch'essa mortalmente pallida.

Alla fine dell'esperienza, mi dedicai a soccorrere anzitutto la madre. Il figlio si era ripreso da solo.

Ritornarono dopo un po' di tempo. Il figlio sembrava notevolmente cambiato. Dall'insicurezza con cui l'avevo conosciuto, ora era un ragazzo sicuro di sé, aveva dato il suo ultimo esame e si apprestava a discutere la tesi.

Chiave di lettura:

perché l'abreazione funziona?

In primis, per i segni, i simboli e i significati che porta con sé o che smuove. Questo è vissuto nello spazio della soggettività di ognuno, probabilmente prendendo simboli e significati sia dal proprio inconscio (dalla propria storia personale, dalla propria cultura) che dall'inconscio collettivo.

Inoltre, perché si incentra sui 5 Sé. L'abreazione deve essere favorita nel corpo, per come si manifesta; nel vissuto emotivo, perché le emozioni aiutano a cancellare, fare spazio e riorganizzare i pensieri; lavora su una storia, sulle memorie del passato come sulle memorie del presente; viene vissuta comunque in un contesto relazionale, dove quindi è attiva la dissociazione (il che permette di guardare l'esperienza – la vita - da più punti di vista) e spesso con un Sè spirituale molto importante (come in questo caso).

Dal vissuto pensato, si passa al vissuto agito. E l'azione vissuta nello stato di trance si traduce poi in azioni e comportamenti diversi nella vita cosciente.

La catarsi ha la capacità di liberare energie represse o bloccate. Questo avviene anche quando dinamiche nascoste vengono rilevate, e diventano palesi. A questo punto, accade il cambiamento, perché i meccanismi che mantenevano vigenti certi schemi vengono svelati, quindi non funzionerebbero più.

Fin dal primo momento capii che Matteo non aveva problemi a studiare: aveva semplicemente messo da parte lo studio.

Il suo vero problema erano questi sogni ricorrenti, che lo portavano fino ad un certo punto e non oltre: lui spendeva le energie del quotidiano nel tentativo di raggiungere la meta.

Credente, pregava, chiedendo aiuto: ma, "aiutati che il ciel ti aiuta", decise di darsi da fare.

In più, aveva 33 anni, l'età alla quale Gesù era morto: per qualche ragione, capita a molti uomini di entrare in crisi esistenziale a tale età, alla ricerca di una risposta.

La grande emozione vissuta nell'abreazione era riuscita a sbloccarlo. Si era talmente immedesimato nella morte del Cristo, inconsciamente percepita nei sogni, da bloccarsi: quando finalmente l'aveva rivissuta, si era permesso di riniziare a vivere.

Quella morte, per lui era stata come una resurrezione, tanto che mi venne da pensare che per lui fosse stato un iniziatico rito di passaggio: non previsto, si era rivelato proprio ciò di cui aveva avuto bisogno.

IPNOSI PROGRESSIVA

Curiosamente, le persone vogliono osservare il loro passato, sebbene immaginato o ricostruito da pochi elementi ancora fissati nella nostra mente. È più facile guardare indietro o, nella linea del tempo che ci attraversa, guardare a sinistra, il posto del passato.

Del futuro, pochi pensano di poter parlare. I più rimangono sbalorditi, aspettando che il loro mondo si riempia di immagini, sensazioni, pensieri.

Mentre il futuro dovrebbe essere sempre presente davanti a noi: dovremmo sempre progettare la nostra vita utilizzando le nostre risorse, allestendo un presente in grado di sostenere quel futuro che desideriamo.

L'ipnosi progressiva è anch'essa un viaggio nel tempo e nello spazio; anch'essa si divide in due esperienze, conseguenti l'una all'altra. La prima è l'esperienza di immaginare la vita fino alla propria morte: guardando dal proprio capezzale dietro di sé, è possibile guardare al proprio passato con occhi diversi. La seconda esperienza di ipnosi progressiva inizia quando finisce la vita: guardando avanti si immaginano vite future, scenari e situazioni di un futuro possibile.

Anche l'ipnosi progressiva si arricchisce della grande creatività e intelligenza della nostra mente. Viverla vuol dire costruire in modo chiaro e preciso un domani plausibile, vuol dire verificarlo, studiarlo, migliorarlo.

È importante pensare che l'aspettativa generi la percezione, molto più di quanto non pensiamo: se alleno il mio occhio a guardare un futuro non solo possibile ma auspicabile, alleno nel contempo tutte le mie altre risorse a lavorare affinché tale immagine diventi realtà.

Lavorare sulla progettazione vuol dire aiutare la persona a fissare un obiettivo, analizzare i suoi talenti in tutti i risvolti, sviluppare plausibili piani di azione alla portata delle sue forze, semplificare ed ingegnerizzare ogni elemento e verificare lo svolgimento del processo.

È importante, nell'ipnosi progressiva, focalizzare un obiettivo che sia sotto il nostro controllo, i cui costi siano inferiori ai benefici da ottenere, che regga a livello ecologico (la logica dell'ambiente), in modo tale che sia favorito e non ostacolato dalle persone intorno a me.

È bene stabilire un punto di partenza e un punto di arrivo, affinché la linea del tempo che costruiamo abbia specifiche scadenze, che ci portino il più rapidamente possibile all'obiettivo desiderato, senza farci perdere in altri mondi e in altre vite.

L'ipnosi progressiva, come ogni forma di ipnosi, permette più che mai di isolare l'esperienza e viverla con la massima concentrazione, lasciando fuori tutti gli elementi di disturbo, concentrandosi unicamente sul futuro designato. È molto bello pensare che questo viaggio non viene intrapreso da soli: siamo sempre in compagnia del nostro inconscio, che ha costantemente l'attenzione su di noi, nel proteggerci e nel guidarci, per raggiungere il traguardo desiderato.

PICCOLO ESEMPIO DI IPNOSI PROGRESSIVA:

"Vorrei portarti in un viaggio molto speciale, dove andrai a conoscere la tua vita partendo dalla fine, dal giorno in cui la tua vita si concluderà... sarà curioso per te viaggiare nel tempo, a partire dal pensare al tuo domani... immaginando un percorso in anni della tua vita, fino a concluderla e ritrovarti al tuo capezzale, circondato dalle persone a te care... che vorresti intorno a te... persone che ti hanno sempre accompagnato o che sono nuove e che tu conosci per la prima volta... figli, nipoti... e la curiosità di guardarli tutti insieme, in quel momento in cui, sebbene tu sappia che tutto si conclude, sei sereno e tranquillo... perché sai di aver vissuto la vita che volevi...

e non c'è niente di più bello, ora, che voltarti indietro e guardare il tuo passato che è il tuo futuro... e fermarti in quei momenti in cui il tuo inconscio pensa di farti notare qualcosa di particolare... qualcosa di importante... qualcosa da tanto tempo dimenticato...

così da poter accogliere quella storia che ti mancava per arrivare fino a dove sei arrivato... salutare tutti e ringraziarli... e chiudendo gli occhi, entrare in un piacevole sogno dove il tuo inconscio raccoglie per te tutte le più belle esperienze del tuo futuro che hai scoperto nel tuo passato da tanto tempo dimenticato...

ora ti puoi trovare tranquilla a raccontare questa vita, che sai che è la tua vita futura, ma che tu vedi con gli occhi del passato, fermandoti a raccogliere tutto quanto è importante... avendo visto così la tua dolce fine, puoi cominciare a costruire il mondo che verrà..."

A tre esami dalla laurea

Capita di ritrovarsi bloccati nella vita e di non sapere come forzare il blocco. Non esistono barriere visibili da abbattere, né un medievale ariete da usare. Quando ci blocchiamo, si bloccano tutti gli aspetti della nostra vita.

Mario si era fermato a tre esami dalla laurea, e nel mezzo della tesi. Era ormai un anno che la situazione si protraeva.

La stessa situazione si era ricreata nella sua storia sentimentale: sentiva di doverla rendere più significativa, più matura, ma non sapeva come.

In più, anche il rapporto con la madre, vedova, era da riformulare, perché lui non era più un bambino. Sentiva di aver preso il posto del padre, quando era venuto a mancare, sia nei confronti della madre che della sorella. Una volta adulto, il tutto non poteva più funzionare: il ruolo dell'uomo di casa era più una fonte di attrito che di amore. Era ora che la madre trovasse un nuovo equilibrio e che Mario potesse continuare con la sua vita.

Anche il suo aspetto rifletteva questa ambivalenza: il suo corpo parlava di fanciullezza, il suo volto di maturità. Come se fosse "nel mezzo del cammin" e non sapesse bene da che parte stare.

Le domande erano esistenziali: io, chi sono? Cosa è bene che faccia? Concludere gli studi o trovarmi un lavoro più concreto?

Esplorammo grazie all'ipnosi queste due possibilità. Mario si calò in modo molto intenso nelle parti: la tristezza, la delusione, lo sconcerto che sentì all'idea di abbandonare gli studi e trovare un lavoro diverso dal suo ideale; la prospettiva di laurearsi gli faceva sentire di essere regista e attore principale della sua vita, finamente nel ruolo giusto. Non più il compito che si era assunto per le esigenze familiari, ma finalmente la concretizzazione dei suoi veri desideri.

Nel giro di pochi mesi, si laureò. Subito dopo vinse un dottorato a Oxford, grazie al quale poi rimase a lavorare in Inghilterra, la nazione dei suoi sogni.

Il rapporto con la sua compagna ebbe una evoluzione: lei lo accompagnò in Inghilterra, dove trovò un lavoro soddisfacente. La madre, nel frattempo, riuscì a riallacciare amicizie, scoprendo una nuova stagione di socialità. Anche lei, tutto sommato, era rimasta rinchiusa nel legame con Mario: l'essersi sostituito al padre era diventato una gabbia per entrambi.

Capita di sovente che, quando si riesce a sistemare un evento da cui discendono molteplici effetti, tutti i pezzi del puzzle poi si incastrino nel modo giusto.

Chiave di lettura:

quando siamo immersi in una situazione, siamo vincolati ad un'identità soltanto, a un solo modo di pensare, che diventano i principali, e non trovano la soluzione.

Il che, è come cercare le chiavi sotto un lampione, anche se non le abbiamo perse lì, perché lì c'è la luce.

Ogni ruolo che assumiamo ha come conseguenza la continuità psichica o cognitiva con esso, ovvero ogni ruolo porta con sé un insieme di atteggiamenti, memorie, parole, emozioni, comportamenti che sono ad esso coerenti.

Per uscire da questo circolo vizioso, è necessario impersonare un nuovo ruolo, un nuovo personaggio: far finta di essere una persona diversa e immaginare un nuovo futuro per essa, e se utile anche un passato.

Da questo "gioco" possono arrivare molti suggerimenti utili: quando si riesce poi a cambiare, non è poi importante sapere se si è cambiati a causa di un gioco o di una realtà.

Ciò che è importante è essere cambiati e che gli eventi che prima vivevamo come problemi non lo siano più: riusciamo ad affrontare la vita in modo nuovo.

Ogni volta che noi ci spostiamo fisicamente, c'è da parte del nostro cervello una nuova mappatura del significato dell'esperienza, il che vuol dire che non siamo mai le persone che siamo stati: siamo in continuo divenire.

Il contenuto e il contesto, lo sfondo e la figura, cambiano a seconda del punto di vista dell'osservatore, che è pertanto in una continua condizione di relatività.

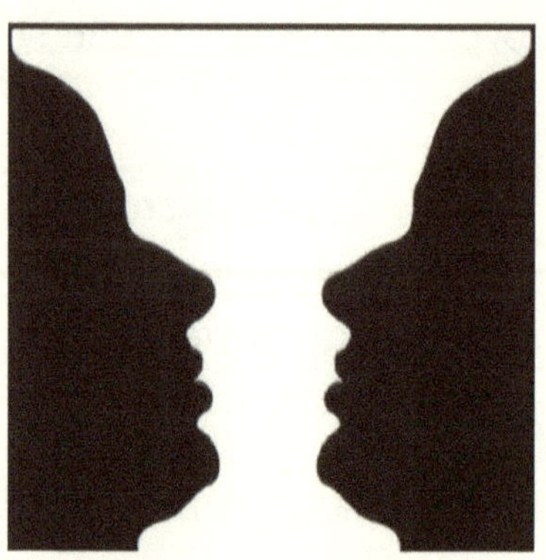 

Vedete il vaso o i profili? La giovane o l'anziana?

Non ce ne rendiamo conto, ma i contesti, le circostanze della vita, influiscono molto su di noi. Sperimentate: è impossibile litigare dando la mano a qualcuno o abbracciandolo.

Fritz Perls, il creatore della Gestalt, ci ha suggerito di lavorare con la sedia che scotta: spostando la persona in spazi diversi, in una sorta di drammatizzazione dell'esperienza, le viene permesso di guardare l'evento da punti di vista, ovvero da identità, diverse.

Le differenti identità danno l'opportunità di capire meglio se stessi e gli altri e, in genere, di poter arrivare alla conciliazione, o alla soluzione del dilemma.

M'ama o non m'ama?

Era un calciatore di serie A, e mi cercò non per potenziare le sue performance sportive ma per un dilemma esistenziale: non capiva se le donne che lo cercavano vedessero in lui lo sportivo famoso, l'uomo ricco, oppure l'uomo.

Mi disse che, arrivando in discoteca in Porsche poteva, in principio, avere già concluso la serata. Bastava mettere sul tavolo le chiavi della splendida fuoriserie per essere subito attorniato da un nugolo di ragazze disponibili, alla ricerca di fama, soldi, sesso. Tutto era facile, banale, già conquistato senza alcun impegno.

Ma era davvero quello che voleva? L'uomo dentro di lui voleva di più, voleva essere apprezzato per quello che era, per la persona che era, e non per quanto possedeva.

Aveva avuto diverse storie sentimentali, ma le considerava di poco conto, poco più che adolescenziali. Il fulcro della sua vita erano stati il calcio e il perfezionamento delle sue abilità sportive; la vita affettiva era stata un solo divertimento, e i sentimenti erano fluttuanti, come le emozioni. Andavano e venivano.

Diventando più adulto, e avendo una nuova relazione a cui teneva, si chiedeva se la donna che stava frequentando lo amasse davvero o fosse solo abbagliata dalla "bella vita" che lui poteva garantirle.

Tentando di sviscerare l'argomento del matrimonio, passammo un intero incontro a confrontarci sui pro e sui contro. Lui, più che sposarsi tout court, voleva formare una famiglia, avere dei figli. Questo obiettivo era per lui molto importante, anche perché veniva da una famiglia solida e unita.

Aveva custodito nel segreto questo obiettivo, sia con la sua famiglia, con la quale nonostante l'affetto non si era creato un dialogo, sia con l'allenatore, per cui il matrimonio sarebbe stato una distrazione dallo sport.

Passando in rassegna le fasi evolutive della sua vita, gli feci capire che il suo inconscio era stato con lui per tutto quel tempo, l'aveva accompagnato, l'aveva confortato. Era importante che lui capisse che poteva fidarsi del suo inconscio, della sua parte nascosta.

Luca, così lo chiameremo, cominciò anche a diventare più affiatato, più complice, con le sue emozioni e con la sua storia personale, che non aveva mai raccontato.

Gli feci allora incontrare il suo inconscio, la sua parte più vera, più intima, e ponemmo a lui la domanda: ti senti amato? Quando la guardi negli occhi, vedi sincerità, attenzione, amore? Oppure vedi comparire un registratore di cassa con il simbolo dell'euro?

Mi sento amato, rispose l'inconscio. Lei è sincera.

Di lì a poco si sposarono. A quanto ne so, sono ancora insieme.

Chiave di lettura:

molte persone tendono a dialogare solo con la loro parte razionale, logica. In conseguenza di ciò, tutto appare chiaro e semplice, facile da gestire, talvolta dicotomico: ciò che è bene, è bene, ciò che è male, è male.

Purtroppo la vita non è sempre e solo bianco o nero. Talvolta è un arcobaleno, talvolta una scala di grigi.

Sicuramente Luca era finito nell'arcobaleno e non ci aveva capito più nulla! Troppe erano le variabili da considerare, inevitabile andare in confusione.

A certi livelli, è complesso pretendere di separare l'uomo che è dall'uomo che ha: tutto si mescola, nello stesso individuo, ed è onesto per tutti riconoscerlo.

Se possiamo avere dubbi sulla nostra parte razionale, che affronta la vita in un modo semplicistico, non dobbiamo avere dubbi sulla complessità che è in grado di gestire il nostro inconscio.

Se pensate che ogni secondo il nostro cervello riceve 10.000 input da elaborare, è indubbio che il tentativo di razionalizzare un processo decisionale diventi estremamente arduo.

Ma ecco la soluzione: lasciare spazio all'inconscio affinché possa diventare lui in grado di capire e decidere per noi.

Per poter lasciargli lo spazio di essere nostra guida, e di ciò essere sicuri, è necessario diventare familiari, amici intimi.

Anzitutto, si dovrà capirne e ammetterne l'esistenza; indi, bisognerà imparare a decifrarne i messaggi, i segnali, il valore. Bisogna acquisire fiducia nella nostra parte inconscia, sapere che la sua saggezza è sempre dalla nostra parte, per indicarci la strada migliore per noi.

A questo punto, potremo rivolgergli domande dirette, a cui potrà rispondere con sensazioni, con emozioni, con il sistema ideomotorio (una modalità naturale che trasforma le nostre idee in sensazioni e azioni, con messaggi di un certo tipo, una spalla che si alza, un dito che si muove). In pratica è possibile concordare uno scambio di comunicazione molto semplice, basato anche solo sul "Sì/no", e dopo che si è collaudato, porre la domanda.

A questo punto la persona deve solo fidarsi della capacità del suo inconscio di darle la risposta, e di avere la sicurezza di avere una giusta guida di riferimento.

In genere quando si fa vivere questa esperienza al paziente, è facile che egli si stupisca di come l'inconscio possa fornire risposte semplici e chiare. E questo diventa un nuovo modo per poter scegliere e decidere nella vita.

Alla ricerca dell'autostima

Francesca venne da me per potenziare la sua autostima: si sentiva sempre insicura, aveva molte paure, e un senso di sé barcollante. Si sentiva incapace, incompetente: la misura della sua vita era solo la vita con la nonna.

Mi raccontò di genitori sempre troppo impegnati nel lavoro, che la lasciarono crescere ai nonni materni. E lei, nonostante li amasse moltissimo e si sentisse da loro amata, aveva sofferto per la mancanza dello sguardo confermante del padre e della madre.

Così, come capita spesso, si sentiva sempre "non abbastanza": non abbastanza bella, non abbastanza brava, non abbastanza intelligente. Si lasciava scorrere la vita addosso, senza impegnarsi in modo particolare in nulla, continuando a vivere con la nonna (il nonno era ormai mancato).

La famiglia le aveva delegato la cura dell'anziana signora, che aveva iniziato ad avere bisogno di assistenza, come se ciò fosse inevitabile. E lei, nonostante tutto l'affetto e la gratitudine, sentiva che la sua vita era totalmente assorbita da questa cura, e non rimaneva spazio per altro. Ma il senso di colpa che provava al pensiero di sottrarsi era talmente forte da farla rimanere ferma.

Una parte di lei era in crisi, e un'altra era rassegnata, perché vedeva che, senza di lei, tutto il resto della famiglia non si occupava della matriarca. Quando la nonna peggiorava, da un lato si sentiva triste e sconfortata, dall'altro si sentiva sollevata.

Il dover essere caregiver aveva limitato la quantità di esperienze che lei aveva potuto fare nella vita, il che aveva rallentato la sua crescita.

Lavorammo insieme per un ciclo di incontri, sul farle prendere consapevolezza di sé, delle sue risorse, trovando dei punti di sicurezza in sé stessa, per cambiare il suo presente e prospettarsi un futuro diverso.

Grazie all'ipnosi regressiva, trovammo esperienze passate in cui lei aveva affrontato molte situazioni, sia per sé che nella cura della nonna, e ne costruimmo la consapevolezza.

Con l'ipnosi contemplativa, riuscì ad aumentare la cura di sé, migliorando l'aspetto estetico; a prendere consapevolezza della sua intelligenza; a creare un modello di sé con le qualità migliori in primo piano.

Con l'ipnosi progressiva, andammo a costruire un futuro possibile, che lei realizzò.

Riprese gli studi, laureandosi; riuscì a cambiare il suo lavoro grazie alla laurea; incontrò un uomo con cui iniziò una relazione. Realizzò tutto quello che aveva desiderato: un lavoro gratificante, un compagno da amare e che la amava e una vita sociale appagante.

Capì di essere molto più che abbastanza e che una vita nuova la aspettava.

Chiave di lettura:

nei primi sei anni di vita vengono poste le basi della costruzione dell'autostima e della nostra identità, processo che continua a maturare durante l'adolescenza. Quando ciò viene a mancare, si crea una zona di vuoto (una bassa o inesistente autostima) che andrà necessariamente colmata nel corso della vita, per quanto possibile.

Ogni persona ha il bisogno costante di costruire e confermare la sua identità, e ciò può essere fatto sia grazie a riconoscimenti dall'esterno che ad autoriconoscimenti.

Queste due differenti strade devono essere sempre in equilibrio: dipendere troppo dalle lodi esterne ci rende deboli, alla ricerca continua dell'approvazione; nel contempo, attingere esclusivamente a opinioni interne, pur rendendoci molto indipendenti, può creare difficoltà in quanto il rischio è di costruirsi un mondo solipsistico, privo della capacità di percepire e di confrontarsi con l'altro.

Sicuramente Francesca era sbilanciata sull'approvazione proveniente dall'esterno: quindi iniziare a conoscere il suo mondo interno, dove trovare conferme del suo valore, è stato foriero di grande equilibrio. Pur continuando ad essere attenta agli altri, è riuscita a filtrare ciò che riceveva grazie alla sua stessa capacità di giudizio.

È riuscita a portare questa conciliazione anche nel suo lavoro, riuscendo a impegnarsi con successo nella gestione di gruppi.

Per potersi permettere tutto ciò, ha dovuto congedarsi da sua nonna, venuta a mancare, distaccandosi in tal modo dai doveri familiari, e poi concedendosi di vivere la sua vita.

Molte volte si ha la percezione che il nostro paziente abbia grosse potenzialità, e si è sicuri di questo. Il problema non è tanto vedere potenziali in una persona, ma far sì che sia la persona a vederli in sé.

Il lavoro più grande è proprio questo. Talvolta persone con molte doti non se ne riconoscono nessuna, e bisogna far loro vedere l'ovvio. Esistono giovani che si sono arresi, come se fossero anziani.

Per questo lavorare con l'inconscio permette di distinguere questi due aspetti: uno, che la persona ha veramente queste qualità; l'altro, come la persona considera se stessa – talvolta come una fallita, come un'incapace – e restituire che, per quanto lei possa essere un fallimento, il suo inconscio non lo è, anzi, è una miniera di risorse tali che, se solo le prendesse in considerazione, potrebbe veramente cambiarle la vita.

Lo sballo della sera

Quando arrivò da me, lo trovai confuso e nel contempo esaltato. Fu quasi costretto a incontrarmi, perché, in seguito ad un incidente di auto, era stato trovato positivo all'alcool test e ad alcune droghe: gli venne ritirata la patente e gli fu imposto di seguire un percorso psicoterapeutico.

Andrea aveva notevoli doti personali: era un eccellente venditore, carismatico e di successo; l'altro lato della medaglia era una personalità con tratti ancora adolescenziali. Separato, un figlio, un rapporto conflittuale con il padre, e lo spettro della noia: non appena smetteva di lavorare, se la monotonia o le frustrazioni prendevano il sopravvento, tornava imperiosa la smania di cercare rifugio nei paradisi artificiali.

Data la sua intelligenza, quando Andrea era occupato, tutto andava bene; la sua abilità come venditore dipendeva dalla sua capacità di lavorare su molti aspetti del rapporto con il cliente, con la quale giocava, divertendosi.

Fuori dal contesto lavorativo, cercava stimoli diversi nelle relazioni con gli altri significativi: ma le relazioni dove non si sentiva protagonista non lo soddisfacevano. Tendeva ad accentrare l'attenzione, era eccessivo nei comportamenti, abusando sia di alcool che di droghe.

Il rapporto con i suoi genitori, separati, era tormentato. Il padre si era creato una nuova famiglia, per la quale Andrea aveva sofferto; la madre era molto presa dalla sua attività imprenditoriale, ancor più da quando era rimasta sola.

Lavorammo sulla sua indipendenza e sul ripristinare i giusti ruoli familiari: riuscì a ridefinire il rapporto con il padre e con la madre e la gestione comune dell'anziana nonna; ridefinì anche i confini con la ex moglie; il rapporto con il figlio assunse una nuova dimensione.

Iniziò una nuova relazione sentimentale: prendendosi cura di sé, scoprì come prendersi cura della sua compagna, e viceversa. Ciò gli permise di trovare un nuovo equilibrio: dedicandosi in modo nuovo alla sua vita, si tranquillizzò.

Poi scoprimmo insieme le potenzialità del suo inconscio: rafforzammo il suo dialogo interno, ristrutturando le sue convinzioni limitanti e potenziando la sua parte saggia. Grazie all'ipnosi progressiva e contemplativa, ci focalizzammo sul creare un nuovo modello di sé, più equilibrato, che potesse proiettare in un futuro adattivo ed appagante.

Smise anche di raccontarsi la favola che la droga era "solo per rilassarsi": prese atto della sua dipendenza e iniziò a seguire criteri di vita più sani, a partire dall'alimentazione, prima disordinata, e dall'attività fisica, sulla quale era sempre stato discontinuo. Come tutti i tossicodipendenti, si era e aveva raccontato bugie per giustificare la droga, il suo bisogno, le sue ricadute: ma ciò conduce a perdere la propria identità: non si sa più chi si è veramente. Si arriva a una depersonalizzazione, che innesca un altro tipo di sofferenza. Solo ammettendo la propria dipendenza è possibile recuperare parti della propria identità, poco alla volta.

Chiave di lettura:

ritengo che l'inconscio vada in qualche modo "educato". È un grosso potenziale che usa tutte le migliori risorse che possediamo, ma va orientato.

Diversamente, diventa una mina vagante, che tende a soddisfare le prime pulsioni che si ritrova ad avere, bisogni non soddisfatti.

Soprattutto le persone che soffrono di dipendenze hanno bisogno di essere instradate: se accettano una direzione, la perseguono molto bene, e hanno modo di dispiegare tutte le loro potenzialità.

Tutta l'energia psichica va inserita in quello stato mentale che deve diventare l'alternativa alla dipendenza. Ogni volta che si assumono droghe, si cambia stato mentale, entrando in uno stato alterato di coscienza. Si continua a vivere, ma in uno stato mentale diverso, che condiziona inevitabilmente il nostro stato di coscienza e le nostre percezioni, nonché la memoria di noi, di ciò che siamo, che racchiude la nostra identità.

Siamo obbligati al cambiamento dalla nostra biologia. Possiamo modificare ciò smettendo di fare uso di sostanze.

Quando si smette di far uso di droghe, ci si sente persi, perché l'identità è svanita. Il dramma dell'astinenza è proprio questo: non tanto il desiderio fisico (il craving), ma la sofferenza di essere privi di identità, che talvolta dà la sensazione di soffocare. Non ci si riconosce più, non si sa più dove ritrovarsi: si è totalmente smarriti, privi del proprio ambiente.

La droga diventa una boccata di ossigeno: ma è un'aria malata, inquinata, che può condurre alla morte. È un circolo vizioso.

Per superare una dipendenza è necessario saper darsi delle regole che permettano di sperimentare e vivere la nuova condizione di vita fino a quando essa diventa la nuova abitudine che sostituisce la vecchia abitudine.

Come un atleta che vuole vincere: per farlo, deve costruirsi un programma, da seguire quotidianamente, per allenare e rafforzare tutte le caratteristiche fisiche e psicologiche che gli permettono di raggiungere l'obiettivo.

Per vincere le dipendenze è necessario cambiare le abitudini; per far ciò, sono essenziali la fiducia in sé stessi, la sicurezza, l'equilibrio. Risorse che si perdono quando si fa uso di sostanze, il che rende più difficile cambiare abitudini. Diventa, allora, ancor più essenziale lavorare sulle proprie risorse, organizzare un nuovo stato mentale che possa sostituire il vecchio.

Tra le abitudini da modificare, rientrano anche le amicizie, le relazioni sociali, la famiglia, i luoghi che si frequentano. È bene che tutto il sistema cooperi e faciliti il cambiamento, perché, in caso contrario, il lavoro può essere vanificato.

È un lavoro di squadra: molti sono gli ostacoli, in cui rischia di fermarsi e di andare indietro. Giorno dopo giorno, vanno cambiati tutti i riferimenti legati alle dipendenze.

Chi fa uso quotidiano di droghe deve cambiare in modo drastico la sua vita, ad esempio andando a vivere in comunità protette, dove tutto è diverso e dove è precluso ogni contatto con il mondo precedente, che potrebbe fungere da attrazione negativa.

Non era il caso di Andrea, che faceva un uso saltuario di sostanze: ma anche lui dovette riorganizzare la sua vita, ricominciare da capo.

Smetto per dispetto

Venne accompagnato dalla famiglia, per un problema di alcolismo. La sua dipendenza era evidente per tutti.

Era convinto di voler smettere; tutta la sua famiglia lo incoraggiava e lo sosteneva.

Gianni lavorava con il padre, e guidava il furgone della ditta. In stato di ubriachezza, aveva già sfasciato diversi furgoni, il che era diventanto un problema.

Sosteneva di poter smettere quando voleva, il che è tipico di chi sottovaluta la dipendenza. Erano più di tre anni che andava avanti a suon di promesse di smettere, che venivano sistematicamente disilluse.

La famiglia ci raccontò di molti tentativi, tutte buone intenzioni.

Noi ascoltammo a lungo, e io sbottai: "la strada dell'inferno è lastricata di buone intenzioni, e voi non ci riuscirete con le vostre menate".

Inscenai la parte del poliziotto cattivo, e il mio collega mi assecondò, facendo la parte del poliziotto buono, confortandoli, rassicurandoli, asserendo che poteva essere la volta buona.

Io continuai nella parte disfattista, asserendo che Gianni continuava a prendere in giro tutti, dando il contentino alla famiglia, ma non avendo nessuna voglia di cambiare... vero Gianni?

Il teatrino andò avanti per un po', finché Gianni iniziò a guardarmi con odio. Io gli preannunciai il sintomo: uscirai di qui e andrai a bere, perché è nella tua natura – provocandogli una rabbia sempre più forte, che lo portava ad allontanarsi anche fisicamente da me.

La volta dopo, già era cambiato qualcosa: non aveva bevuto. Ma io, d'accordo col mio collega, continuai a insistere nel ruolo disconfermante, dandogli addosso, affossando i suoi tentativi di riscattarsi, e lui ad essere buono, confortante, supportivo.

Ci vedemmo ancora qualche volta, e infine dopo sei mesi. Continuavo a parlare di cadute e precipizi, e che Gianni non sarebbe riuscito a mantenersi sobrio, perché non era in grado di sostenere il cambiamento, non poteva farcela.

Per quanto ne so, ha smesso totalmente di bere.

Chiave di lettura:

quando si ascolta la storia di una famiglia, si esce fuori dalla logica del trattare il singolo individuo. Gianni era il capro espiatorio di una situazione sotterranea di conflitti e disarmonie: la madre aveva avuto difficoltà ad affrontare l'adolescenza e la crescita del figlio maggiore, e si stava apprestando a vivere le stesse situazioni con gli altri due figli, con i loro bisogni e desideri di emancipazione.

Il padre avrebbe lasciato volentieri l'attività al figlio, già trentenne, ma non si fidava di farlo per il suo alcolismo.

Gianni non riusciva ad accettare la responsabilità dell'intera attività: la fuga nell'alcool era un modo per procrastinare scelte e decisioni.

Io percepii l'immaturità del sistema a un cambiamento così importante, legato anche alla differenza di età tra Gianni e i suoi fratelli (dieci anni), nonché alla sensazione di doversi assumere il "peso" di tutta la situazione.

Nel lavorare con la famiglia è abbastanza usuale sviluppare strategie terapeutiche che coinvolgano l'intero sistema.

A noi capitava spesso di assumere ruoli e posizioni diverse, dal momento che la posizione bipolare (buono/cattivo, attaccante/consolante) ci permetteva di capire meglio le dinamiche emergenti.

Quando fu chiaro quanti tentativi blandi e fallimentari erano già stati messi in atto, assunsi il ruolo dell'accusatore verso tutta la famiglia – tacciando tutti di incompetenza: la madre

non aveva fatto la madre, il padre non aveva fatto il padre -
accettando di prendermi gli insulti e le maledizioni di tutti i
familiari.

Quando ci sono due terapeuti, buono e cattivo, il paziente
tende a scegliere il male minore, e il riscatto viene facilitato. Il
singolo terapeuta potrebbe dire "la mia parte razionale pensa
che tu riuscirai, il mio inconscio sa che fallirai".

In ogni caso, il male minore diventa la guarigione, perché
attaccare tutta la famiglia viene percepito come un male
enorme, da cui essa cerca di difendersi come un animale
ferito. La ferita dell'onore è molto più grave della dipendenza
da alcool, del post adolescente che beve.

La mia carica di aggressività verso di lui, e i miei giudizi che
la sua dipendenza fosse giustificata dall'incapacità di tutta la
sua famiglia, scatenarono la voglia di Gianni di redimere se
stesso e suo padre, sua madre, i suoi fratelli: si prese la
responsabilità della sua vita.

Pur di dimostrare che avevo torto, in pieno, guarì.

In compagnia dell'animale guida

Alberto venne da me dicendomi di essere la lepre. Nei 100, 200 e 400 metri, era l'atleta che durante gli allenamenti viene inseguito da tutti, perché è sempre il primo.

Ma in gara, per varie ragioni, si ritrovava in coda agli altri. Così, spinto dalla curiosità, era venuto da me per testare se era possibile vincere con l'aiuto della psicologia e dell'ipnosi.

La corsa era la sua grande passione: correva fin da giovane.

Accade spesso che gli atleti non riescano a reggere la gara per motivi psicologici. Alberto aveva ottime qualità, ma si bloccava poiché temeva il giudizio altrui, perdendo così la concentrazione necessaria per vincere la gara.

La cosa più importante in tali casi è rafforzare l'identità e la facilità di riconoscersi come vincente.

Iniziammo grazie agli spunti della psicologia dello sport a testare se potevamo ottimizzare il suo rendimento riuscendo a guadagnare mezzo cm per ogni falcata.

Ampliammo poi lo sguardo verso la considerazione che aveva di se stesso, verso le profondità del suo essere.

Dapprima, con il radicamento rafforzammo la sua centratura e la fiducia in se stesso: poteva percepirsi come un albero, grande, maestoso, imponente, e andare a raccogliere sostentamento ed energia nelle profondità della terra.

Poi, gli suggerii di scegliere un animale guida, un animale che avesse le qualità migliori per i suoi scopi, e di immedesimarsi con lui.

Alberto scelse il leopardo, che è l'animale più veloce, fulmineo, scattante. Fu bello vederlo sognare attraverso il suo animale, entrare in ipnosi prendendolo per mano e essendo guidato alla vittoria, fino ad arrivare a immedesimarsi totalmente in esso.

Lavorammo sul concetto di "essere il leopardo che corre" anziché essere un atleta che correva.

I risultati arrivarono: la lepre si trasformò in leopardo, iniziando a vincere competizioni.

Chiave di lettura:

Tutte le preparazioni atletiche prevedono lavori che rafforzano il corpo con programmazioni capillari per sfruttare al meglio tutte le qualità dell'atleta. Si programmano tutte le stagioni, per ognuna si organizza un certo tipo di lavoro.

Il training atletico è super organizzato, ormai da molto tempo, e ha degli indici di miglioramento, anche se molto contenuti.

Oggi la psicologia dello sport dovrebbe concentrarsi sulla prestazione, nonché sul rendere personalizzato l'intervento: occorre lavorare in modo puntuale su ogni singolo atleta, sul suo corpo, sulle sue emozioni, sulla sua storia, sulle sue relazioni, sul suo incontro. Altrimenti, si rischia di fare un lavoro superficiale e poco adatto alla persona.

L'ipnosi ci permette di andare a lavorare sugli stati mentali per generare la condizione di flusso ideale per un atleta, quella in cui può spendere le sue migliori risorse per una prestazione vincente, riuscendo a circoscrivere in modo preciso il tempo e lo spazio in cui dedicarsi con la massima concentrazione e il minimo spreco.

Sebbene si possa pensare che gli atleti lavorino con lo stesso cervello, in realtà non è così: ogni atleta ha personali esperienze a cui attingere.

Alberto aveva lavorato sul suo corpo, sulle sue emozioni, sulla storia del pensiero che lo accompagna durante le gare, sulle relazioni con l'ambiente circostante, con se stesso e con gli altri, fino al suo dialogo interno, che aveva arricchito di tutte le parole più indicative e funzionali ai suoi scopi, escludendo tutto il resto.

Quando si lavora con gli atleti, spesso occorre trovare soluzioni che possano dare vantaggi in tempi rapidi, e siano semplici e facilmente attivabili.

Spesso si attua il "come se", si finge di essere, in modo da mobilitare tutte le risorse in un gioco che nell'immediato spinge a superare i propri limiti.

Così fu per Alberto: la facilità con cui si immedesimò con l'animale guida fece sì che riuscisse a riportare tutte le qualità del leopardo in sé in tempi molto rapidi.

Questo si può raggiungere sviluppando l'immaginario, grazie a uno stato di ipnosi particolare, dove la mente critica viene accantonata. Si riesce a ottenere un apprendimento dovuto a una rappresentazione suggestiva dell'animale guida.

La nostra struttura linguistica è di ceppo indoeuropeo, dove un soggetto compie l'azione: per esempio, il cavallo galoppa.

In altre strutture linguistiche, come in certi dialetti africani, è l'azione a essere il soggetto: per esempio, il galoppo del cavallo.

Con Alberto spostammo l'attenzione dall'atleta che corre all'immedesimazione con la corsa del leopardo. La corsa era il soggetto, ed essa non può soffrire, né stancarsi. Esiste, e dà i migliori risultati possibili.

Modellarsi

Anna ha 43 anni, lavora come assistente di direzione, con numerose competenze, che soddisfano il suo bisogno di varietà, dal momento che la noia è lo spauracchio della sua vita.

Nata e cresciuta in una famiglia numerosa, aveva saputo affrontare con gioia e facilità le nuove sfide che ogni giorno portava.

Venne da me perché le sembrava di aver esaurito la vena creativa che l'aveva accompagnata per molti anni. Guardandosi dentro, aveva scoperto di aver dato poco spazio all'autoriflessione. Molto concentrata sul mondo esterno, non aveva approfondito la conoscenza di sé.

Le prospettai di poter incontrare e conoscere il suo inconscio, e poter collaborare con lui: lei fu piacevolmente interessata a questa ipotesi.

Fin da subito fu chiaro che il suo inconscio amava essere stimolato, e le induzioni che utilizzai per lei erano di ipnosi progressiva, orientate al suo futuro, a costruire dei progetti che potessero coinvolgerla nuovamente nella sua vita, personale, lavorativa, affettiva.

Ogni volta che Anna andava in trance, poi riemergeva con un gran sorriso, comunicandomi che il suo inconscio le aveva fornito nuovi elementi con cui lavorare. Questo non si esaurì mai, finché non si accorse che tutti i progetti che emergevano, belli e ben programmati – ristrutturare la casa di campagna, viaggiare con gli amici, una nuova relazione sentimentale – sembravano darle la sensazione del gigante con i piedi di argilla. Così lei, riferendosi a un vecchio film degli anni '50, il cui protagonista era pugile dal fisico maestoso ma dalla personalità troppo semplice, mi fece capire che aveva bisogno di lavorare su di sé, quale completamento al mondo che la attorniava e ai suoi progetti futuri.

Cominciammo quindi un lavoro molto semplice, di ipnosi contemplativa, che comportava un modellamento completo di sé.

Anna prese come modello una donna che aveva conosciuto e frequentato in passato e che per lei era affascinante, garbata, risoluta: si trattava di sua zia, a cui lei avrebbe tanto desiderato somigliare.

Lavorammo per diverse sedute non tanto sul mondo delle idee quanto sui comportamenti, sulle azioni, sulla postura, sul modo di camminare, di parlare, modellandoci sulla zia, che aveva portato dentro di sé.

Fu per me sbalorditivo vedere come in poco tempo cambiò il modo di vestire, di comportarsi, di pensare, in fondo. Diventò una persona nuova, molto diversa da quella donna che avevo conosciuto, più completa. La maggior parte del lavoro fu un modellamento corporeo, che agì sull'immagine e sulla consapevolezza di sé, cambiandone la personalità.

Fu altresì molto bello vedere come cambiarono i rapporti con le persone a lei vicine, come riuscì a incontrare nuovi amici e un nuovo amore, per lei la sua anima gemella.

Chiave di lettura:

il modellamento consiste prevalentemente nel coinvolgere la persona sui suoi aspetti fisici: i comportamenti, le azioni – lasciando da parte il mondo delle idee, che normalmente è il campo della psicologia.

Questo non perché sia difficile: il mondo delle idee si presenta in modo molto seducente, di facile comprensione, attraente. Si segue volentieri la storia di una persona, è affascinante, ma talvolta diventa dispersivo, correndo il rischio di rimanere nell'immaginario.

I cambiamenti hanno bisogno dei fatti per potersi realizzare.

Il primo passo da proporre a chi desidera cambiare è condurlo a decidere. In verità le persone sanno cos'è una decisione, quindi si tratta di proporgli di fare più scelte durante la giornata. Può trattarsi anche di piccole decisioni: cambiare la strada per andare al lavoro, il menù del pranzo, il vestito.

Il secondo passo è aumentare le loro opportunità: le possibilità di scelta, le risorse che hanno a disposizione, le esperienze possibili.

Pur partendo dal mondo delle idee, per poter cambiare davvero occorre scendere a declinare le emozioni che sono alla base delle esperienze, e poi arrivare alle azioni necessarie per il cambiamento.

Le quattro tappe sono: fingere, sognare, prendere consapevolezza, realizzare.

Per Anna fu molto semplice apprendere attraverso il suo corpo, modellandosi sull'immagine della zia: facendo finta di essere lei ha iniziato a sognare il suo mondo, a prendere consapevolezza del suo modo di camminare, di parlare, di agire, riuscendo finalmente a trasformarsi nella donna che voleva essere. Questa fu un'esperienza molto arricchente per lei.

Il mondo della psicologia in generale fa molto affidamento sulle memorie storiche; si spinge ad abbracciare le memorie emotive; poche volte si arriva a considerare le memorie del corpo, che sono le più forti che possediamo.

Dopo che imparate ad andare in bicicletta, non lo dimenticherete mai.

Fare leva sulle memorie corporee vuol dire generare ristrutturazioni profonde, permanenti e adeguate nella personalità delle persone.

Medico, scelta di vita

GianGiacomo mi aveva telefonato dopo essere venuto ad una mia conferenza, incuriosito dall'ipnosi.

Fissammo un appuntamento.

Capii subito che il problema era importante per lui. Aveva avviato uno studio medico e, come molti, si era dedicato totalmente al lavoro, con il pensiero di poter rallentare in futuro, una volta consolidato il successo. Invece, a distanza di anni, continuava a lavorare a ritmi forsennati.

Aveva difficoltà a gestire il suo tempo, preso da tre lavori diversi nell'ambito della medicina, e davvero gli rimaneva ben poco tempo per la famiglia e i suoi altri interessi. Stava iniziando a pensare che stava perdendo la sua vita.

Gli proposi di meditare su un concetto: il tempo è denaro, ma il tempo è soprattutto vita. Per lui era difficile accettare l'ipotesi di togliere tempo al lavoro (denaro) per darlo ai suoi interessi e alla famiglia (vita), e che questo scambio potesse farlo stare meglio.

A quell'epoca stavo studiando testi di Milton Erickson in cui il celebre ipnotista narrava che talvolta usava con i suoi pazienti la sfera di cristallo per la visione del futuro. Accolsi quel suggerimento, e suggerii a GianGiacomo di guardare nella sfera di cristallo, che nel frattempo avevo comprato a Murano.

Lui si dimostrò divertito dall'idea, con uno spirito critico, ma quando abbinai alla visione la possibilità di farlo parlare con il suo inconscio e farsi aiutare in questo viaggio, cambiò atteggiamento.

Il suo inconscio, il cui nome era Achille, era una parte saggia che sapeva molto bene cos'era importante per lui, tendenzialmente invincibile, pur nella consapevolezza di avere un "tallone" fragile (che identificava con l'essere troppo dedito al lavoro).

Dialogando con il suo inconscio, poco alla volta, accettò l'ipotesi che il tempo è vita, e che rinunciando a qualche ora di lavoro stava in realtà riappropriandosi della sua vita.

L'inconscio Achille fu molto chiaro in proposito, paventando anche l'idea che se avesse continuato con quel super menage in futuro avrebbe iniziato a somatizzare disturbi e, inoltre, avrebbe recato danno anche ai suoi familiari, cosa che GianGiacomo non voleva.

Attraverso la sfera di cristallo lavorammo sul concetto di progetto, gettare oltre, iniziando un percorso di ipnosi progressiva: si vedeva nel futuro passare più tempo con la famiglia, dedicando spazi alla riflessione personale, e agli interessi che da ragazzo aveva coltivato.

Per prima cura, si comprò una moto, con la quale andava a lavorare, prendendo i classici due piccioni con una fava: risparmiava sul tempo di percorrenza e si divertiva.

Lasciò un primo lavoro, e dopo qualche tempo e il secondo. Mantenne solo il terzo, apprezzando che, anche così, i risultati economici erano più che adeguati e, soprattutto, la sua vita era notevolmente migliorata.

Chiave di lettura:

la vita inevitabilmente da proposta diventa abitudine: anche una semplice azione, se la ripetiamo nel tempo, può consolidarsi in routine.

Tutto ciò che si trasforma in abitudine, difficilmente viene abbandonato. Per cui, l'idea di cominciare la propria vita professionale impegnandosi a fondo per poter consolidare un lavoro e poi nel tempo dismetterlo, trovando un nuovo equilibrio, è una chimera.

Quello che succede è che l'abitudine ci fa entrare in uno stato mentale, o stato di autoipnosi, in cui continuiamo a perseguire il nostro intento senza renderci conto del tempo che dedichiamo e che sottraiamo a ogni altro aspetto della nostra vita.

Lo stato mentale di flusso ci gratifica, ci mantiene in una condizione idilliaca nella quale siamo catturati da una concentrazione continua che si autoperpetua e che non fa sentire la fatica. Come quando siamo presi dalla lettura di un libro e continuiamo a leggere tutta la notte senza sentire sonno, fame, stanchezza. Ma il tempo passa comunque.

Se vuoi godere della vita e dei rapporti affettivi, devi diventare consapevole che ogni aspetto della vita va regolato ed equilibrato. Altrimenti, uno domina su tutti.

Il lavoro può diventare una dipendenza, al pari di tante altre, solo che è socialmente accettata, talvolta ricompensata (gli americani parlano di work-alcoholic, alcolisti da lavoro, o di work addicted, lavoro dipendente, con lo stesso termine che usano per la dipendenza dalle droghe).

Per cui è difficile uscir fuori da un lavoro che prende anche l'anima, come in questo caso.

La sola possibilità che abbiamo è sostituire un'abitudine con un'altra, e così fece GianGiacomo: si allenò in modo diverso, rivedendo tempo, spazi e attenzione. Ripetendo la nuova esperienza, la trasformò in abitudine.

IPNOSI DEI 5 Sé

Viviamo in una grande complessità, che possiamo semplificare solo guardando gli elementi più significativi della vita umana.

Parlare di ipnosi dei 5 Sé vuol dire parlare di una tipologia di ipnosi che considera e opera con i nostri 5 Sé, che insieme possono racchiudere l'esperienza umana: il Sé corporeo, il Sé emotivo, il Sé autobiografico, il Sé relazionale, il Sé spirituale.

Il primo elemento con cui veniamo in contatto è il nostro corpo, che ci mette a contatto sia con il mondo interno che con il nostro mondo esterno. Noi somatizziamo il nostro vivere nel nostro corpo: trasferiamo e trasformiamo i nostri pensieri, le nostre emozioni, i nostri vissuti in sensazioni, dolori, patologie.

Dopo la conoscenza nel nostro corpo, incontriamo le nostre emozioni: impariamo a conoscerle, a dare loro un nome, a gestirle e a modificarle. Le emozioni cambiano ed evolvono continuamente durante la nostra crescita. Tutti parliamo di emozioni positive, che ci fanno star bene, o emozioni negative, che ci fanno star male: in realtà sono solo energia, sono messaggi che ci indicano le nostre parti già forti e le nostre parti da sanare e illuminare.

Attraverso la consapevolezza di noi stessi, viviamo la coscienza che ci accompagna per tutta la nostra vita: questi momenti che si susseguono uno all'altro vanno a formare la nostra storia, quella che raccontiamo a noi stessi e agli altri.

Viviamo nella nostra narrazione, che modifichiamo quotidianamente, senza rendercene conto. Vivere l'autobiografia è entrare nel nostro tempo, nel passato e nel presente, per immaginarci il nostro futuro.

Tutta la nostra vita si sviluppa attraverso le relazioni che costruiamo con le altre persone e con il mondo che ci circonda. Ogni momento è accompagnato da relazioni che nascono, si sviluppano, finiscono, definendo e marcando i periodi della nostra esistenza. Ogni 7 anni cambiamo le nostre amicizie, dicono alcune ricerche. Altre relazioni ci accompagnano per tutta la vita, in primis quella con noi stessi.

L'ultimo Sé in verità è ciò che li racchiude, dando uno spazio inconscio e un senso ulteriore. Parliamo del Sé spirituale, che parte dal dialogo interno per svilupparsi poi in modi personali, come spazio dello spirito, luogo dell'anima, motivo di fede.

Ogni Sé ha una parte conscia e una parte inconscia: con l'ipnosi dei 5 Sé andiamo a lavorare non solo sulle esperienze coscienti ma soprattutto su quel mondo inconscio che costituisce la parte principale del nostro vivere.

L'ipnosi dei 5 Sé permette di legare insieme tutte le risorse che abbiamo a disposizione nei singoli Sé: corporee, emotive, storiche, relazionali, spirituali. In questo modo è possibile aumentare la consapevolezza di ciò di cui abbiamo bisogno per vivere in armonia. Lo scopo è soprattutto rendere indipendenti le persone nel vivere l'autoipnosi, costruendola a partire dalla conoscenza di se stessi.

PICCOLO ESEMPIO DI IPNOSI DEI 5 Sé

"Voglio che immagini di poter chiudere gli occhi ed entrare dentro di te, con un respiro piacevole e profondo sentire l'aria che si muove nei tuoi polmoni e porta l'ossigeno in tutto il tuo corpo... voglio che senti il tuo corpo che si rilassa piacevolmente e che poco alla volta lascia andare tutte le tensioni, scioglie i nodi...

E si avvicina un momento piacevole, dove entri in sintonia con tutte le parti di questo tuo corpo, dove entri in contatto con le memorie delle esperienze che hai appreso... da quando hai iniziato a parlare... a camminare... a correre... a pensare... a decidere...

Quando hai cominciato a vivere le prime emozioni... come è bello abbandonarsi ai ricordi di quanto tutto andava bene... come è bello vivere questa sensazione di libertà e vivere fino in fondo questa sensazione di piacevolezza in cui puoi abbracciare tutto quanto desideri e vivere questo momento così leggero...

E puoi entrare nella tua storia, in tutti i momenti in cui con il piacere di stare con te stesso hai parlato di te... conoscendoti e facendoti conoscere nel piacere di essere protagonista della tua vita...

E voglio che passi in rassegna le tue relazioni più belle... con i luoghi... con le persone... con la natura... con la vita... e puoi sentire la presenza di quella parte di te bambina che puoi aiutare a crescere e a vivere quella bella adolescenza che hai sognato fino ad arrivare ai tuoi giorni, consapevole di poter contare sulla presenza del tuo inconscio che come un animo sincero e pronto ad aiutarti ti accompagna... come un angelo è pronto a proteggerti e a prendersi cura di te... come uno spirito guida ti può accompagnare a conoscere la tua vita e le tue qualità migliori da poter spendere ogni giorno al meglio...

Ora che sei più consapevole del corpo, delle emozioni, della tua storia, delle relazioni, del tuo spirito, sai di poter contare su tutto questo ogni volta che ne avrai bisogno... e sarà facile per te richiamare l'attenzione del tuo inconscio che ti rimetterà in contatto con i tuoi 5 Sé e ti aiuterà a trovare il tuo centro, il tuo equilibrio, la tua pace e la tua serenità, ogni volta che vorrai..."

Dall'angoscia di morte alla tranquillità

Due mesi prima una sua amica prese un appuntamento per entrambe, ma lei dopo pochi giorni mi aveva scritto per disdirlo. Quel giorno arrivò, sempre con la sua amica, che era mia paziente da qualche mese.

Dall'aspetto gradevole, senza alcuna ostentazione, solare e positiva, Myriam mi raccontò che negli ultimi anni la sua vita era stata costellata da lutti di persone a lei molto care, culminata, due anni prima, con la morte per infarto del marito, poco più che cinquantenne.

L'anno dopo, era stata la volta del suo più caro amico.

Nel corso della sua evoluzione aveva sperimentato diverse terapie: una lunga psicoanalisi, psicoterapia bioenergetica, e altre metodiche olistiche.

L'angoscia di morte non le era sconosciuta, avendola affrontata in psicoanalisi. Ma ora la stava sperimentando in modo quotidiano, senza sollievo. Non solo per mesi era stato un pensiero presente, il che è abbastanza normale nei casi di lutto improvvisi e traumatici, ma si era solidificata nella paura di guidare, soprattutto in tangenziale.

Da brillante guidatrice ("ho girato mezza Europa con la mia auto"), si era ritrovata ad aver paura degli incidenti nel traffico cittadino, e di poter morire. Cosa che non la sconvolgeva a livello intellettuale, dal momento che credeva nella vita dopo la morte, ma si sa: le emozioni, e le angosce, sono cittadine di un territorio diverso.

La sua reazione alle paure era sempre stata di affrontarle, e così si comportava anche in questo caso, continuando a guidare. Ma non era un vivere sereno.

Finché, giunse da me.

Mi avvicinai alla poltrona, e iniziai l'induzione. Lei chiuse gli occhi, e subito mi disse che sentiva una cesura tra la parte superiore e la parte inferiore del suo corpo, come se all'altezza del bacino qualcosa la tagliasse in due.

Le chiesi se riteneva più urgente lavorare su questa separazione o sull'angoscia di morte.

Sorprendendomi, mi rispose su questa scissione.

La parte bassa del nostro corpo corrisponde al movimento e agli istinti primordiali, ancestrali; la parte alta corrisponde alle emozioni, al pensiero, alla spiritualità. Si trattava quindi di rimettere in comunicazione cielo e terra, istinto e sentimento, carne e spirito: lavorai con una induzione dei 5 Sé, andando a ricomprendere la totalità di ciò che lei era.

Myriam aveva bisogno di riprendere contatto con gli aspetti positivi della vita, con il mondo della luce e della gioia, perché per troppo aveva frequentato le ombre e il silenzio.

Le chiesi di ascoltare l'induzione due volte al giorno, mattina e sera. Lei lo fece, e in due settimane l'angoscia di morte svanì.

Chiave di lettura:

certi eventi della vita, così drammatici e potenti, incomprensibili e violenti, ci lasciano confusi. Ma tale confusione, più che legata alla vita quotidiana, è esistenziale, e fa emergere paure ancestrali.

La paura di morire è da sempre la prima e irrisolta paura della nostra vita, perché noi rimaniamo comunque immersi nell'ignoto. Essa si declina, poi, nelle tante piccole e grandi fobie che sperimentiamo, talvolta rendendo confusivo anche al terapeuta il procedere.

Tale paura viene quindi spostata, nel vivere quotidiano, nell'inconscio, perché non sarebbe possibile vivere con il pensiero del dover morire sempre presente (il memento mori! medievale), come una eterna spada di Damocle: non solo la nostra serenità, ma la nostra sanità mentale ne verrebbero compromesse.

Quando insisto con i pazienti affinché ascoltino l'induzione, lo faccio perché ritengo che sia importante che le persone ripartano dal loro dialogo interno, rafforzando le loro risorse fondamentali.

Talvolta, come in questo caso, la nuova abitudine mentale ristruttura il tessuto dell'esistenza, permettendo di recuperare equilibrio, armonia e di portare la vita in primo piano.

La morte è l'esempio perfetto di entropia, ovvero di disordine: umanamente parlando, è la fine della attuale vita biologica. Quindi l'essere umano sente un incessante bisogno di dare ordine a questo caos che crea un vuoto.

La ricerca di tale ordine, che chiamiamo neghentropia, attraverso spiegazioni, conoscenze, contatti, ha la capacità di ristrutturare la vita dandole nuovo significato.

Noi abbiamo bisogno di darci delle spiegazioni e dare alla nostra vita uno scopo, per poter stare bene. Altrimenti, naufraghiamo nel disagio esistenziale che può manifestarsi sotto forma di panico, angosce, fobie, terrori.

Probabilmente perché, se la neocorteccia – con le sue elaborazioni teoriche, le sue spiegazioni, le sue conclusioni - non riesce ad avere un effetto terapeutico, l'angoscia viene trattata a livello di cervello rettile rendendoci terrorizzati dal vuoto, dal buio della vita che ancora ci spaventa, dalla mancanza che incute panico.

Quando l'emozione di allarme riesce a essere elaborata dal nostro cervello evoluto, la neocorteccia, si trasforma in una emozione costruttiva, assertiva, di realizzazione; quando ciò non accade e precipita nel cervello antico, viene trattata o con paura o con rabbia – qualcosa da cui fuggire o qualcosa da aggredire – il che ha un effetto devastante sulla nostra psiche e sul nostro organismo.

La rabbia ci consuma, sottoponendo il nostro organismo a uno stato di stress continuo; la paura annienta e conduce ad evitare le vita.

Rafforzare se stessi e le proprie convinzioni

Non era venuta in terapia per un problema specifico, ma perché, in generale, si sentiva inadatta. Capita, talvolta, che le persone vivano un disagio diffuso: sono tante le soddisfazioni che non le soddisfano, ma nessun problema è così grave e in grado di smuoverli.

Le sembrava di non saper affrontare nel modo giusto i vari aspetti del vivere: il lavoro, le relazioni familiari, la vita sociale.

Si sentiva debole, poco incisiva, poco determinata: questo a lungo andare le aveva causato insicurezza. Anche la voce, flebile, e la postura, come ripiegata su se stessa, lo confermavano.

Sul lavoro, non riusciva a distinguere il livello personale da quello professionale, quindi le capitava di sentirsi ferita anche quando i rimproveri erano sul suo modo di lavorare, non sulla sua persona.

Bianca non osava imporsi al mondo, non osava dire "io ci sono": era nascosta, ritirata. Viveva una relazione sentimentale che non la soddisfaceva ma preferiva continuare perché temeva di non saper affrontare la solitudine.

Era come se tutti decidessero per lei, dando per scontato che lei si sarebbe adeguata. Cosa che lei puntualmente faceva, anche nelle piccole cose, stando poi male.

La vita sembrava scorrerle accanto, e lei guardava, come da un finestrino del treno, le altre persone, ammirando e desiderando possedere un po' di quella luce, di quella sicurezza, di quell'assertività che vedeva dentro loro.

Sua sorella, che aveva fatto "le cose giuste al momento giusto", era considerata realizzata. Lei al contratio era ritenuta l'ultima, visione confermata da Bianca stessa, che raccontava della sua lentezza e della sua inconsapevolezza di ciò che voleva nella vita.

Lavorammo insieme per un ciclo di incontri, sull'affermarsi, sul rafforzare la sua personalità e sul cambiare ciò che pensava di sé.

Le proposi di interpretare vari personaggi, a lei familiari, di indossare diverse maschere, in base a quella che poteva esserle più utile nella vita.

L'interpretazione prendeva corpo a tutto tondo: la postura, la voce, le parole, il carattere, l'atteggiamento, l'abbigliamento.

Quando il suo ambiente iniziò a protestare per i cambiamenti che vedeva in lei e nel suo modo di fare (il che accade), le consigliai di dire "me l'ha detto il medico". Questa frase fu il lasciapassare che le consentì di poter consolidare i nuovi modi di essere.

Chiave di lettura:

dopo un primo approccio classico, in cui Bianca mi raccontò la sua storia personale, trovai superfluo continuare a indagare sul suo passato.

Lei stessa si prestava a nuove esperienze, dal momento che non era gratificata dal narrare la sua vita, priva di grossi traumi.

Iniziammo a lavorare con una linea del tempo, proiettando i suoi desideri e la sua volontà su un futuro prossimo, grazie all'aiuto della postura del corpo e della voce.

Quando si inizia a lavorare sulle posizioni del corpo, è inevitabile che ciò cambi anche la voce, e viceversa: quando si lavora sulla voce, cambiano anche degli aspetti posturali.

Sono convinto che si possa modificare l'identità di una persona lavorando sul corpo e sul modo di parlare: si tratta di due espressioni talmente complesse e complete della nostra personalità che, quando vengono modificate, hanno il potere di cambiare la nostra identità.

Quando si agisce sulla postura, la persona potrebbe poi dimenticare ciò che si è fatto. Diventa pertanto essenziale ancorare il lavoro a tanti aspetti della quotidianità che possono mantenere memoria del cambiamento attivato e spingere verso la ripetizione.

Così per il paraverbale: è possibile lavorare sul tono, sul ritmo e sul volume della voce, facilmente modificabili, mentre il timbro è legato al nostro patrimonio genetico. Affinché il cambiamento sia efficace, è necessario sperimentare l'uso della voce e mantenere le posizioni del corpo congrue.

L'efficacia del percorso è stata da subito evidente: Bianca si è resa conto di cosa era importante fare e ha iniziato ad agire, e l'intero suo comportamento fisico e verbale si è modificato, dando i frutti che stavamo cercando.

Molto spesso le persone restano intrappolate nella palude delle idee e dei pensieri, dove cercano spiegazioni e soluzioni, mentre dovrebbero "semplicemente" cominciare ad agire. L'azione porta conoscenza.

Bianca riuscì a trovare molti modi, semplici ed efficaci, di incidere nella sua vita e nella vita degli altri, con una personalità ora più completa e per lei soddisfacente.

L'amico immaginario e l'equilibrio dei 5 Sé

Lucia venne da me perché si sentiva sempre stanca. Ben presto scoprii che la sua stanchezza aveva una motivazione precisa, il super lavoro a cui costringeva il suo corpo.

Tutto nella sua vita sembrava andare abbastanza bene: il lavoro le dava ottime soddisfazioni, economiche ed esistenziali, i rapporti con la sua famiglia di origine erano sereni, con il figlio pure. Solo il rapporto con l'ex compagno era rimasto teso e fonte di stress.

Ogni giorno, dopo aver lavorato come estetista per otto ore, correva per altre due ore. Ne sentiva il bisogno fisico ed emotivo: senza, il nervosismo la invadeva.

Le ginocchia avevano iniziato a dare segni di logoramento: dolori e irrigidimenti l'avevano condotta da un ortopedico, che, dopo gli adeguati accertamenti, aveva riscontrato che le cartilagini si erano consumate.

Lucia usava la corsa per controllare tutta la sua vita: se mangiava qualcosa di troppo, poi correva di più; se si sentiva tesa, correva di più; per qualunque empasse, correva di più.

Il correre era la panacea di tutti i suoi problemi.

Quando le dissi che probabilmente tutto quel correre era troppo, e che poteva essere concausa della sua stanchezza, mi guardò sbalordita: non ci aveva proprio pensato.

La mia proposta di cambiare abitudine trovò in lei una resistenza: non riusciva neppure a concepirlo.

Riuscì però ad accettare l'idea dell'inconscio ricordando che da bambina aveva un amico immaginario, che in parte era impersonato dal suo orsacchiotto, in parte era nei suoi pensieri; con lui aveva un bel dialogo, che la confortava.

Fino alla soglia delle nozze questo amico era rimasto con lei; dopo, questa voce interna era venuta a mancare, e il dialogo veniva condiviso con suo marito. Quando si erano separati, ciò aveva comportato la fine del suo confronto interiore.

Quando in trance ipnotica si riavvicinò a questa voce, si trasformò: il viso e le parole diventarono quelle di una bambina, come se avesse ritrovato la se stessa dell'epoca e quel compagno.

Fu quell'amico, il suo inconscio, a suggerirle di adottare modalità meno traumatiche di calmare il suo corpo, di gestire le sue emozioni, di trovare un equilibrio in se stessa.

Da qui divenne facile: Lucia imparò a contattare le diverse parti di sé, con rilassamenti di vario genere; lavorò sull'origine delle emozioni per maneggiarle meglio; riprese le relazioni con amici che aveva perso dopo la separazione; iniziò a narrare una nuova storia di sé, lasciando andare l'ossessione per la corsa e concentrandosi su altri aspetti della sua vita.

Chiave di lettura:

la consapevolezza di sé non è presente dalla nascita, ma viene costruita nel tempo; talvolta non la possediamo nelle varie tappe evolutive; altre volte, cambiando stato mentale, rischiamo di perderla.

Per Lucia la corsa era diventata la valvola di sfogo di qualunque sua esigenza, fisica, emotiva, relazionale, spirituale. Invece che rilassare il corpo, correva; invece che regolare l'alimentazione, correva; invece che accogliere le emozioni, correva; invece che migliorare le relazioni, correva; invece che parlare con se stessa, correva.

Aveva sostituito tutto con un unico comportamento, che di per sé riusciva a fare il necessario. Andando in trance durante la corsa, e sentendo una scarica potente di endorfine, stava benissimo. Dopo, aveva un effetto rebound di stanchezza.

Durante la vita, noi troviamo sempre modo di raggiungere un nostro equilibrio; lei era riuscita a mantenerlo sia durante l'adolescenza che durante il matrimonio, ma dalla separazione era venuto a mancare.

Cominciando a lavorare sul rilassamento per gestire le sue tensioni: imparando la tecnica del rilassamento progressivo di Jacobson, che si pratica facilmente e che comporta la tensione dei muscoli per cinque secondi e poi il rilasciarli in tutte le coppie di muscoli del nostro corpo, Lucia apprese come rilassarsi.

Andando a confrontarsi con il suo inconscio, riuscì a prendere in mano le sue emozioni e a vederle con occhi diversi, prendendo piacere a riconoscerle e sentirle; riallacciando le relazioni con gli amici perduti, ritrovò piacevoli momenti di confronto e divertimento; fino a che la corsa non diventò altro che un piacevole hobby per due o tre volte la settimana.

Tutto questo la condusse a ristrutturare anche le sue relazioni con il figlio e con i genitori, con i quali si instaurò una nuova armonia.

Liberarsi da un peso

Carlo era stato da molti psicologi e mi raccontava che si era trovato molto bene con tutti; era stato molto piacevole parlare della sua vita, ma il sollievo che provava era legato al solo momento dell'incontro.

Appena uscito dallo studio, sentiva nuovamente un peso sullo stomaco, non insopportabile, ma continuo, lacerante: non lo abbandonava mai.

Era stato da molti medici, aveva fatto tutte le analisi utili, ma a livello clinico non era stato riscontrato nulla. Lui continuava ad avere un gran peso allo stomaco.

Mentre mi raccontava tutto questo, iniziai ad avere io un peso allo stomaco, come per confermare il disagio che mi stava descrivendo.

Cominciai a dare qualche colpo di tosse, che sentii riusciva a sbarazzarmi di quel peso.

Vuoi l'intuizione, vuoi la convinzione che molte memorie del corpo non sono cancellabili da lavori solo nel mondo delle idee, cominciai a farlo entrare in una trance durante la quale cercò di andare all'origine di quel peso allo stomaco.

La trovò coincidente con un momento del suo passato dove lui aveva dovuto mandar giù un grosso rifiuto sentimentale da parte della sua compagna che, a suo dire senza motivo, l'aveva lasciato.

Di fronte a lui, misi le mie mani incrociate sul suo stomaco, simulando il peso che sentiva, e cominciai a dirgli di tossire, scaricando quel peso dal suo stomaco e buttarlo fuori, ancora e ancora, e urlavo, affinché lui potesse essere sempre più stimolato a buttarlo fuori.

Carlo ad un certo punto chiese di andare in bagno e vomitò. Lì per lì fui sconcertato: continuava a rimanere in bagno e mi venne il dubbio di aver esagerato.

Quando ritornò, si ricompose, mi ringraziò e andò via.

Mi chiamò dopo un mese per prendere un altro appuntamento. Quando arrivò, stentai a riconoscerlo. Aveva sia un abbigliamento che un'espressione del viso diversa. Mi diede la mano, ringraziandomi calorosamente.

Non aveva capito bene cosa era successo, non ne aveva neppure un ricordo esatto, ma da quel giorno le cose per lui erano cambiate.

Si era ritrovato a vivere molte esperienze in modo diverso, riprendendo a fare attività sportiva, aveva ripreso ad andare a teatro con la moglie, aveva iniziato insieme un corso di ballo: cose che da tanto tempo non riusciva a vivere.

Parlammo ancora di parti della sua vita, che lui iniziava a vedere in modo diverso. E poi ci congedammo; seppi da conoscenti in comune che la sua vita da quel momento era cambiata nettamente, in modo positivo.

Chiave di lettura:

il retaggio culturale della psicologia per molto tempo è stato di non avvicinare fisicamente il cliente e di lavorare sulla biografia.

Anche se questo lavoro porta miglioramenti, è importante considerare che le memorie del corpo non si annullano facilmente solo grazie alla reminescenza o all'immaginario.

Esse appartengono ai fatti, e vanno affrontate come tali.

Carlo aveva espresso molto bene un rigetto delle cose che gli creavano un gran peso allo stomaco, al pari di quando si fa una indigestione o una congestione – se non vomiti, non ti liberi.

Il mio insistere sul continuo collegamento tra la sua sensazione di peso e le cose di cui voleva liberarsi e la cui sparizione avrebbe generato uno stato di benessere, utilizzando respiri profondi e colpi di tosse molto forti, scatenò il sistema neurovegetativo, che poi fece il resto.

È molto utile permettere alle persone di manifestare attraverso dei gesti la liberazione, usando meccanismi fisiologici che l'organismo adotta: qualcosa che noi ingeriamo o va digerito o va vomitato, non può fermarsi nello stomaco.

Quando si dice "rodersi il fegato", o "mi sta sullo stomaco", non si tratta solo di una metafora. Il fegato ha il compito di filtrare tutto ciò che è tossico per noi, lo stomaco di mandar giù il boccone.

Il sistema neurovegetativo corrisponde alla parte inconscia della nostra esperienza: è la chiave di collegamento tra il mondo psicoemotivo e il mondo fisiologico, in connessione con il sistema nervoso attraverso un reticolo di neuroni.

Per questa ragione il nostro corpo è sensibile alle nostre emozioni, che sono sensibili a loro volta ai nostri pensieri.

Quando ci arrabbiamo, non è solo la mente logica che cerca di farsene una ragione, ma è necessario che il nostro corpo possa scaricare fisicamente l'energia accumulata per abreagire l'evento – il che consente di liberarsene.

Quando Carlo iniziò a prendere consapevolezza di ciò che quella rottura aveva significato per lui, e di ciò che gli aveva fatto subire, cominciò ad accarezzarsi il braccio sinistro. Quando ciò accade, quando le persone toccano affettuosamente una parte del loro corpo, mostrano il piacere di essere coccolati, legato ad emozioni della loro infanzia, all'accudimento, al prendersi cura.

La persona così ci sta manifestando che si sta prendendo cura di sé – sta reagendo bene.

EPILOGO

Dopo questa lettura, ringrazio il vostro inconscio per tutto quello che ha accolto e sarà in grado di restituirvi. Credo veramente nell'inconscio e nella possibilità di aprire un dialogo con lui: sa apprendere quotidianamente ciò che noi gli mettiamo a disposizione. Il segreto sta tutto nel cambiare le abitudini che ci hanno condotto fino a oggi con nuove routine che migliorano la nostra vita.

Le storie che avete seguito comprendevano anche preghiere ipnotiche che le persone hanno saputo costruire con me e si sono impegnate ad ascoltare, fino a cambiare credenze, convinzioni limitanti, comportamenti.

Posso dire di aver imparato alcuni passi che ritengo ora essenziali per un buon approccio terapeutico e desidero condividerli con voi a conclusione di questo lavoro.

Soluzione e cambiamento sono già nelle persone: le risorse sono presenti nell'individuo, bisogna solo saperle cercarle.

Il lavoro con l'inconscio non è un optional, bensì una fase fondamentale del lavoro con la persona. L'inconscio va educato: è in grado di apprendere e cambiare, lo fa per tutta la durata della nostra vita.

Ogni intervento terapeutico va personalizzato: non è possibile pensare che esistano due individui uguali, a cui applicare lo stesso approccio. Lavorare sulla e con la diversità è prezioso.

Ogni volta che si inizia un lavoro e si va verso la soluzione, è bene procedere per piccoli passi, in modo che la persona possa prendere consapevolezza dei risultati e del lavoro che è riuscita a portare avanti.

Al di là delle occasioni in cui la magia terapeutica fa un lavoro immediato, rare, è essenziale un percorso, in cui la persona si impegni a portare avanti, giorno dopo giorno, un cammino di cambiamento. Che è e resta un processo della vita, dunque inevitabile. Ciò che possiamo fare è volgerlo a nostro favore, sfruttando al meglio intenzioni e volontà.

Un buon ascolto è in grado di darci molti elementi su cui lavorare: le ipotesi sono utili ma vanno sempre calibrate su ciò che la persona porta. L'ascolto empatico crea anche uno spazio ideale per chi lo vive, facendolo sentire accolto e capito.

È importante dare alle persone la sensazione di avere più scelte a disposizione. È fondamentale l'azione, che sola può portare conoscenza.

Le spiegazioni sono come lo zucchero: siamo costantemente attirati dal perché delle esperienze, ma dobbiamo evitare di cadere nell'inganno del perché stesso. La maggior parte delle volte è sul come che dobbiamo intervenire: modificandolo, si ottengono dei risultati positivi, talvolta inaspettati.

Sebbene la storia di un individuo sia una fonte di informazioni inesauribile, è necessario ricordare che è solo la superficie della vita: corpo, emozioni, relazioni e spirito sono elementi di cui prendersi ugualmente cura.

Ogni volta che comincio ad ascoltare una persona, il tempo si ferma: è come trovarsi in un grande spazio, dove poco alla volta si raccolgono intorno a me gli eventi significativi della vita che mi viene raccontata.

Il più delle volte sono assalito da un senso di sconforto nel cercare di mettere ordine nella narrazione; a quel punto mi tranquillizzo e chiedo al mio inconscio di far emergere le cose importanti. Così, inizio a giocare con il mio cliente, perché credo che l'organizzazione mentale possa essere modificata solo attraverso un gioco condiviso.

Nella dissociazione tra le sue parti, spostandosi nel tempo passato o orientandosi verso il suo futuro, modificando le sensazioni e le emozioni che sta vivendo, è la persona che scopre quanto possa essere semplice rivisitare la propria vita con uno sguardo di accettazione, rispetto e fiducia.

Il mio stile è sempre stato di lasciarmi incuriosire dalle risorse della persona: più che vivere i suoi problemi, che comunque ascolto con attenzione, cerco di focalizzarmi sui suoi punti di forza, sui talenti da mettere in campo, sulle qualità su cui puntare. Inesorabilmente, trovo un tesoro di ricchezze.

Mi sento di dirvi di cominciare dal vostro inconscio, di chiedervi cosa è in grado di fare per voi: da questo punto di osservazione, guardare avanti, consapevoli che potrà stupirvi con la sua creatività e con la possibilità di agire sempre il meglio per voi.

RINGRAZIAMENTI

Voglio ringraziare Arianna Romano, mia compagna di vita, che ha avuto la pazienza di tradurre tutti i miei confusi pensieri nello scritto che avete letto.

Voglio ringraziare le persone che mi hanno accompagnato nella vita professionale e che hanno lavorato con me per parte del percorso: Ennio Martignago, Antonello Musso, Fabio Rondot, Giuseppe Vercelli, Nicola Crozzoletti.

Con loro mi sono confrontato, ho dato e avuto, in questa splendida esperienza che è la relazione d'aiuto.

Infine, voglio ringraziare la mia famiglia: mia madre Caterina, mio padre Andrea, mio fratello Luca, mia moglie Claudia, mia figlia Alice, per tutto.

L'AUTORE

Marco Chisotti, Psicologo, Psicoterapeuta, Ipnologo, Giornalista, si occupa da più di 30 anni di Ipnosi e di Formazione nel campo del Counseling e del Life Coach. Fondatore, Presidente e Docente della S.I.C, Scuola di Counseling ad orientamento di Ipnosi Costruttivista, Docente della S.I.C.F.O.L.

È autore di diverse pubblicazioni, tra cui:

"Manuale di counselling: Approccio ipnotico costruttivista"

"Manuale di Ipnosi costruttivista"

"Imparare l'ipnosi vivendola", con Arianna Romano

"Dalla Coscienza alla Consapevolezza: l'ipnosi meditativa dei 5 Sé", con Arianna Romano

Potete contattarlo per eventuali presentazioni, seminari o sedute di ipnosi.

www.chisotti.com

Email: chisotti@me.com

Tel. 335 68 75 991

Per i corsi di Ipnosi on line e via webinar:
www.universitadelsociale.org